의 질문들

병역거부의 질문들

군대도, 전쟁도 당연하지 않다

이용석 지음

오월의봄

81년 동안 반복된 역사가 있다.

첫 번째 수감 기록 이래, 약 80여 년 동안 1만 9,000명이 넘는 사람들이 감옥에 수감되었다. 그들의 죄는 병역거부, 남을 해치지 않겠다는 신념 때문이었다.

한국에서 공식적으로 확인된 최초의 병역거부 수감 기록은 1939년이다. 1939년 일제는 일본 열도와 조선 반도의 여호와의증인 신자들을 전부 잡아들였다. 일본에서 여호와의증인 신자가 징병을 거부한 것을 계기로 이 종교인들을 불순 세력으로 간주한 것이다. 종교적 신념에 따라 신사참배를 거부했던 조선의 여호와의증인 신자들은 불경죄를 명목으로 모두 잡혀갔다. 당시 여호와의증인 신자 중 조선인은 50명을 넘지 않았는데 총 66명이 구속 수감되었으니, 여호와의증인뿐만 아니라 함께 성경 공부를 하던 사람들까지 모두 잡혀갔다고 해도 과언이 아니다. 이 일은 일명 '등대사 사건'으로 불리며, 한국 정부가 편찬한 《한민족독립운동사자료집》에도 수록되어 있다.

엄밀하게 말하자면 당시 조선인 여호와의증인 신자들을 병역거부자로 보지 않을 수도 있다. 하지만 일제가 여호와의증인을 불순 세력으로 여기고 탄압하기 시작한 결정적인 이유가 병역 문제였고, 조선의 여호와의증인 신자들이 1939년에 수감되지 않았어도 징병제가 시행된 1944년에 결국 병역거부로 구속되었을 것이기 때문에 일반적으로 일제강점기 여호와의증인들을 한국 병역거부의 시작으로 이야기한다.

해방 이후에도 여호와의증인 신자들은 종교적 신념에 기반한 병역거부를 이어갔다. 한국전쟁 때도 남북한 모두에서 병역거부를 했다. 노병일은 한국전쟁 당시 인민군의 징집을 거부해 총살 위협을 당하면서도 끝내 종교적 양심을 버리지 않았다. 국군의 징집을 거부한 박종일은 한국전쟁이 끝난 뒤인 1953년, 재판에서 병역거부에 따른 징역 3년 형을 선고받았다.

쿠데타로 집권한 박정희 정권 때도 병역거부자들의 감옥행은 이어졌다. 민주주의와 인권이 심하게 유린당하며 병영국가로 거듭난 유신시대는 병역거부자들에게 특히 가혹한 시대였다. 1974년 당시 박정희 대통령은 병무청에 징집률 100% 달성을 지시했고, 병무청은 이를 이행하는 과정에서 병역거부자들을 무리하게 훈련소로 끌고 가 강제로 입영시켰다. 그렇게 강제 입영된 훈련소에서 총 들기를 거부하던 병역거부자들은 항명죄로 처벌받았고, 심한 구타를 당했다. 논산훈련소에서 헌병의 구타로 사망한 김종식, 사단 영창에서 헌병의 각목 구타로 쓰러져 병원으로 옮겨졌으나 비장파열로 사망한 이춘길을 비롯해 최소 5명의 병역거부자가 세상을 떠났다.

아울러 많은 병역거부자가 중복처벌을 받았다. 훈련소에서는 집총 명령을 반복하며 거부할 때마다 가중처벌을 했고, 병역거부로 처벌받은 후 다시 입영영장이 나오는 경우도 있었다. 병역거부로 징역을 살고 출소하는 날 다시 입영영장을 받고 병역거부를 한 정춘국은 총 세 차례에 걸쳐 7년 10개월을 감옥에서 살아야 했다.

노태우 정권은 공안정국을 조성하며 시민들의 시위를 진압하는 전담 부대 '백골단'을 만들었다. 1991년 3월부터 명지대학교에서 일어난 등록금 인상 반대 시위 과정에서 시위에 참여한 강경대 학생이 백골단의 강경 진압으로 사망하는 일이 발생한다. 이를 본 당시 전투경찰 박석진은 더 이상의 복무를 거부하며 '전투경찰 해체'를 요구하는 양심선언을 했다.

박석진처럼 양심선언을 한 군인은 1987년에서 1990년대 초까지 50여 명에 이르렀다. 양심선언의 이유는 다양했다. 백골단 해체, 군 민주화, 군대 내 구타 금지 등 정치적인 주장을 한 군인도 있었고, 입대 전에 대학교를 다니면서 정보기관의 프락치 역할을 했다며 고백하는 사람도 있었다. 당시만 해도 한국 사회에서 '양심적 병역거부'라는 개념은 제대로 자리잡혀 있지 않았고, 따라서 양심선언을 한 이들도 스스로를 양심적 병역거부자로 인식하지 못했다. 또한 이들 중 상당수가 군복무 자체를 거부한 건 아니었다. 하지만 명백하게 자신의 양심에 반하는 부당한 명령을 거부한 것이므로, 병역거부운동에서 이들의 행위는 중요한 역사로 여겨진다.

2001년 2월, 시사주간지 《한겨레21》 345호에는 〈"차마 총을 들 수가 없어요"〉라는 제목의 기사가 실렸다. 이는 병역거부를 한국 사회의 뜨거운 이슈로 만들었다. 같은 해 12월, 불교 신자이자 평화활동가인 오태양이 병역거부를 선언했고, 2002년에는 평화인권연대, 인권운동사랑방, 민주사회를위한변호사모임 등 36개 시민단체가 모여 '양심에 따른 병역거부권 실현과 대체복무제도 개선을 위한 연대회의'를 정식으로 발족했다.

이 책은 병역거부가 한국 사회에서 시끄럽게 이야기되기 시작한 바로 그 시기, 2000년대 초반부터 지금까지의 병역거부운동을 이야기하며 병역거부가 던진 질문들을 함께 살펴보고자 한다. 병역거부가 던진 질문은 당연하게도 한국 사회를 향했지만, 한편으로는 병역거부자와 평화활동가들 스스로를 향한 것이기도 했다.

지난 20년 동안 어찌어찌 이어지며 결국은 평화의 씨앗을 틔운 이야기를, 지금 시작한다.*

---

*   이 글은 국가인권위원회에서 발행한 《대한민국 인권 근현대사》 4권 5장 '다양한 소수자 운동'에서 '1. 병역거부운동'의 내용을 바탕으로 수정·보완한 것이다.

군대를 거부할 수 있다고?

사람들은 역사의 변곡점이 되는 중요한 사건에서 원인을 찾고 싶어 한다. 역사적 변곡점은 때때로 개인의 삶에서도 중요한 변곡점이 되고, 우리는 우리 삶의 중요한 사건이 우연이었는지 필연적인 과정이었는지를 궁금해한다. 대개의 경우 우연과 필연은 복잡하게 엉켜 있다. 예컨대 2000년대 초반 한국에서 병역거부운동이 시작된 데는 어떤 우연과 필연이 작용했을까? 내가 병역거부자이자 평화활동가가 된 것은 우연의 힘이었을까, 필연적인 결과였을까? 우연과 필연은 어떻게 만나 내 삶에 영향을 미쳤을까?

병역거부라는 말을 처음 들은 2001년, 그해 겨울을 떠올려본다. 당시 나는 마르크스레닌주의를 표방한 학생운동 단체에서 활동하는 학생운동가였고, 이제 막 끝난 단과대 학생회장 선거에서 당선된 참이었다.

21세기는 전쟁의 그림자와 함께 시작되었다. 2001년 9월 11일, 뉴욕 한복판에 위치한 세계무역센터 빌딩이 쓰러진 뒤 미국은 테러의 배후 인물로 알카에다를 이끄는 오사마 빈 라덴을 지목했다. 이어 빈 라덴에게 은신처를 제공했다는 명목으로 아프가니스탄을 침공했다. 미국의 다음 타깃이 이라크라는 것은 꼭 예언자나 국제정치 전문가가 아니어도 알 수 있었다. 사실 알카에다의 핵심 인물들은 사우디아라비아 출신이었지만, 미국은 자국의 우방인 사우디아라비아는 놔두고 알가에다와 빈라덴을 잡겠다며 아프가니스탄과 이라크를 침공했다.

당연히 많은 사람이 미국이 일으킨 전쟁이 부당하다고 여겼고, 세계적으로 거센 반전운동이 일어났다. 한국의 사회운동 단체들도 저마다 반전운동에 동참했다. 우드스탁 페스티벌과 존 레넌, 존 바에즈와 밥 딜런, 호 아저씨(호치민)가 떠오르는, 역사상 가장 폭발적이고 대중적이었던 베트남전쟁 반전운동을 떠올리며 우리도 뭔가 해볼 수 있을 것 같은 기대감도 일던 시기였다.

그 시기에 오태양의 병역거부 소식을 들었다. 정확히 언제였는지는 기억이 없다. 다만 어느 순간부터 학생운동을 같이하는 동료들과 병역거부에 대한 이야기를 나누고 있었다. 당시 내가 속해 있던 학생운동 단체는 병역거부운동에 조직적으로 동참했는데, 이라크전쟁의 책임을 미국에 묻거나 한국군 파병을 반대하는 등 다양한 반전운동 중에서도 왜 병역거부운동에 주목했는지 정확한 이유는 기억나지 않는다. 아마 학생운동 내부에서도 소수파였던 조직에서 남들이 안 하는 것을 선점해 주목받기 위한 전략적 선택이었을 것이다.

병역거부와의 첫 만남은 그야말로 우연이었다. 그렇지만 그 우연은 내겐 행운이었다. 훗날 병역거부자 오정록이 말한 것처럼 "입영영장보다 병역거부를 먼저 만났기 때문"이다. 그렇게 나는 비폭력도, 반군사주의도, 시민불복종도 모른 채 병역거부운동을 시작했다. 평화주의자여서 병역거부를 했다기보다는, 병역거부 운동을 하다 보니 자연스레 평화에 대해 생각하고 고민할 수밖에 없었다는 게 사실에 가깝다.

그렇게 병역거부를 만나고 보니 병역거부의 의미도 역사도 모든 게 새로웠다. 한국에서 병역거부는 언제, 어떻게 시작되었을까? 누가, 왜 병역거부를 했을까? 대학교에서 역사를 전공했는데도 이런 이야기는 배운 기억도 들어본 기억도 없었다. 김좌진과 안창호, 윤봉길의 독립운동은 고등학교 수업시간에 배웠고, 박헌영과 이재유의 혁명에 대해서는 대학교에서 학생운동을 하면서 선배들에게 배웠다. 하지만 어디에서도 병역거부에 대해서는 들어보지 못했다. 일제강점기에 여호와의증인 신자들이 신사참배와 강제징병을 거부해 모조리 감옥에 잡혀갔고, 극심한 고문에 못 이겨 많은 독립운동가가 전향을 하는 와중에도 단 한 사람도 전향하지 않았으며, 더러는 옥사까지 하면서도 끝내 감옥에서 해방을 맞이했다는 이야기를 직접 찾아보기 전까지는 알지 못했다. 전공 수업을 열심히 듣진 않았지만 아마 열심히 들었어도 이 이야기는 듣지 못했을 것이다.

사실 병역거부를 '입영영장 거부'로 협소하게 해석한다면 일제강점기 여호와의증인 신자들의 행동은 병역거부가 아닐 수도 있다. 조선 반도와 일본 열도의 여호와의증인 신자 모두가 치안유지법 위반으로 잡혀간 등대사 사건*이 1939년의 일이다. 일제가 조선인을 대상으로 징병제를 실시한 것은 5년 뒤인 1944년이었다. 조선인은 '2등 국민'이기 때문에 천황의 신민이 될 자격이 없다고 생각한 일제는 전쟁 물자를 생산하는 일에는 조선인을 강제로 끌고 갔지만 일본군 입대는 허락하지 않았다. 한편으로는 조선인들에게 총을 쥐여주었을 때

---

* 당시 여호와의증인에서 발간하던 책자 〈Watch Tower〉의 이름을 한자로 '등대사燈臺社'라 부른 데 기인해 등대사 사건이라 불린다. 일제는 일본인 여호와의증인 신자 아카시 마사토明石真人가 입영 후 집총을 거부한 사건을 계기로 여호와의증인 신자들을 불순 세력으로 간주하며 모두 잡아갔다. 일본에서는 130여 명의 신자가 체포되었고, 조선에서도 66명의 신자가 치안유지법 위반과 불경죄로 체포되었다. 당시 체포된 66명 가운데 6명은 옥사했고, 나머지 60명은 단 1명도 전향하지 않은 채 감옥에서 해방을 맞이했다. 등대사 사건은 국사편찬위원회가 펴낸 《한민족독립운동사자료집》에 독립운동의 하나로 기록되어 있다.

그 총부리가 언젠가 자신들을 향할지도 모른다는 점을 우려하기도 했을 것이다. 그러나 태평양전쟁이 지속되며 일본인만으로 필요한 군인 숫자를 채우기가 어려워지자 1944년에 이르러서는 조선인도 징집을 하기 시작했다.

여호와의증인 신자들은 징병제가 시행되기 전에, 1939년에 구속되었는데 그때의 이유도 신사참배를 거부하는 등 궁극적으로 일제의 군국주의에 복종하지 않았기 때문이다. 그때의 신앙이 입대와 군사훈련을 거부하는 신앙과 같은 맥락이고, 일본의 여호와의증인 신자들은 실제로 징집을 거부한 죄로 잡혀갔기 때문에 역사는 일제강점기 여호와의증인 신자들을 병역거부자라고 불러왔다. 아마 감옥 밖에서 징병제를 맞이했어도 이들은 모두 병역을 거부하고 마찬가지로 감옥에 갔을 것이다.

하지만 한국 사회에서 여호와의증인은 국기에 대한 맹세도 안 하고 수혈도 안 하는, 조금 기이한 종교집단쯤으로 오랫동안 여겨져왔다. 그러니 여호와의증인 신자들이 군대를 거부하고 감옥에 끌려간들 세상은 큰 관심을 가지지 않았다. 그런 채로 해방 이후 50년이 넘게 흘렀다. 2001년 《한겨레21》의 보도로 병역거부가 사회 이슈로 등장할 당시, 여호와의증인 신자 1,600명이 병역거부로 감옥에 갇혀 있었고, 해방 후부터 당시

까지의 기간 동안 감옥에 갇힌 사람을 모두 합치면 무려 1만 명이 넘는 숫자였다. 이 사실에 인권활동가들은 깜짝 놀랐다. 편견에 맞서 인권을 옹호하며 차별과 싸우는 인권활동가들은 그동안 여호와의증인 수감자 문제를 인권 문제로 인식하지 못한 점을 반성하며 가장 먼저 병역거부 문제에 반응했다.

그리고 일마 후, 여호와의증인 병역기부지들의 이야기를 접한 한 청년이 자신도 병역거부를 하겠다며 활동가들을 찾아왔다. 그가 바로 오태양이었다. 그는 당시 불교 신자였으며 인권평화단체에서 활동하고 있었다. 다시 말해 그는 여호와의증인이 아닌 사람 중에선 처음으로 한국 사회에 알려진 병역거부자였다. 오태양의 선언 이후, 병역거부는 본격적으로 특정 종교인의 예외적인 행동이 아니라 헌법에 보장된 양심의 자유를 침해당한 인권 문제로 사회에서 논의되기 시작했다.

오태양의 등장은 나와 같은 당시 입영 대상자들에게 큰 충격을 주었다. 대부분의 남성이 군대에 가고 싶지 않은 마음이야 가득해도 군대를 거부할 수 있다는 상상조차 해본 적이 없었고, 실제로 그게 가능한 줄도 몰랐기 때문이다. 시력이 안 좋아도 반드시 군대에 가겠다는 의지를 불태우며 "꼭 가고 싶습니다!"라고 외치는 젊은 남성이 등장하는 광고가 자연스럽게 받아들여지던 시절이었다. 그런데 오태양의 등장으로 비록 감옥에 갈지언정 군대에 가지 않는 걸 '선택'할 수 있다는, '병역거부'라는 선택지가 갑자기 뚝 생겨난 것이다.

앞에서 잠깐 이야기한 것처럼 당시 내가 속해 있던 학생운동 단체는 열성적으로 병역거부운동에 참여했다. 운동의 일환으로 대학교마다 병역거부자와 평화활동가를 초청해서 강연을 열었고, 2002년 2학기에는 국회에 대체복무제 입법을 촉구하는 서명을 받는다고 수업에도 들어가지 않았다. 요즘은 청와대 국민청원 등으로 서명운동의 서명인이 20만 명도 쉽게 넘는 시절이지만, 당시는 온라인 서명이 익숙하지 않을 때라 우리는 서명판을 들고 일일이 사람들을 찾아다녔다. 강의실에서, 교문에서, 학생회관 앞에서 서명을 받았고, 지하철역과 여의도 광장과 서울역 광장, 종묘공원에서도 서명을 받았다. 종묘공원에서 대체복무제 입법 촉구 서명을 받을 때는 같이 있던 친구가 지나가던 할아버지에게 머리채를 잡혔고, 민중대회나 노동자대회처럼 대규모 집회에서 서명판을 들고 다닐 때는 나이 지긋한 노동자 아저씨들이 핀잔을 주듯 우리 뒤통수에 대고 한마디씩 하는 소리를 들었다. "그래도 남자라면 군대는 가야지."

오태양의 등장 이후, 병역거부는 말 그대로 뜨거운 감자였다. 텔레비전 시사토론 프로그램에서는 앞다투어 병역거부를 다루었고, 사법시험이나 대학입시 논술시험에서도 병역거부는 꼭 살펴봐야 할 예상 문제가 되었다. 몇몇 인권활동가와 진보적 지식인들이 병역거부의 권리를 옹호했지만 어디까지나 소수였고, 훨씬 많은 사람이 병역거부자를 비난했다. 비난의 논리는 간단했다. 안보에 무임승차하는 비겁한 놈, 남자답지 못한 겁쟁이. 더러는 병역비리를 저지르는 권력층의 문제와 양심적 병역기부를 뒤섞으며 비난에 더욱 부채질을 해 댔다.

그러나 거센 비난에도 불구하고, 어떤 사람들은 비난보다 자신의 양심을 속이는 일을 더욱 두려워하며 오태양의 병역거부를 자신의 삶과 가까운 문제로 인식했다. 그렇게 오태양을 통해서 자신의 양심에 따라 군대를 거부할 수 있다는 걸 깨달은 이들 중에는 입대를 당연하게 생각하던 이전의 삶으로 돌아갈 수 없는 이들이 있었다. 유호근, 나동혁, 임치윤. 그렇게 하나둘씩 오태양을 뒤이어 병역거부자들이 등장했다.

처음 오태양을 만나고 병역거부운동에 동참했을 때만 해도 내가 병역거부를 해야겠다고 생각하지는 않았다. 그저 한 사람이 양심의 자유를 억압받고 감옥에 가서는 안 된다고 생각했을 뿐이다. 유럽 계몽주의 시대의 사상가이자 시인인 볼테르Votaire, 1694~1778의 유명한 말처럼, 누군가 자신의 양심 때문에 고초를 겪는다면 그의 편에서 같이 싸우겠다는 정도의 심정이었다. 만약 병역거부를 하면 감옥에 가야 할 텐데 그런 상황에 대해 부모님을 설득할 자신이 없었다. 그렇다고 입대할 생각이나 계획이 있었느냐 하면 그것도 아니었다. 솔직하게 말하자면 당시의 나에게 군대 문제는 마냥 미뤄두고 싶은 숙제였다.

그러면서도 조금씩, 병역거부운동에 동참하고 병역거부를 알아가면서 군대와 감옥 중에 선택하라면 감옥을 선택할 수도 있겠다는 생각을 하기 시작했다. 시간이 지나면서 그런 생각은 점점 잦아졌고, 그때마다 군대에 가야 한다고 생각했던 이유는 하나씩 사라졌다. 그렇게 나는 천천히 조금씩 병역거부를 하기로 마음먹어갔다.

병역거부에도 계보가 있다

병역거부운동은 출발과 동시에 사회적으로도 주목을 받았다. 이는 운동을 하는 입장에서 분명 커다란 행운이었지만 그만큼 다른 어려움도 있었다. 1만 명이 넘는 여호와의증인 병역거부자들의 존재는 확실히 이 문제가 사회적인 주목을 받는 데 큰 역할을 했다. 하지만 여호와의증인 신자들은 종교적인 이유로 정치적 행동이나 발언을 하지 않았다. 정치 참여에 거리를 두고 항상 중립을 지키는 교리 때문이다. 이에 따라 여호와의증인 병역거부자 또한 자신의 행동이 정부에 대한 저항으로 해석되는 것을 부담스러워했다.

　이는 오태양이 등장하기 전까지의 병역거부운동이 적극적으로 목소리를 내는 당사자가 없었던 이유였고, 그에 따라 병역거부는 특정 종교인의 '이상한' 행동이라는 사회적 편견이 공고해졌다. 이 때문에 당시 병역거부운동은 한편으로는 여호와의증인에 대한 사회적 편견에 맞서면서, 다른 한편으로는 병역거부가 여호와의증인 신자들만 하는 행동이 아니라는 걸 알리려 노력했다. 특히 병역거부의 역사성을 찾아내고 드러내기 위해 애썼다. 나는 병역거부자들, 평화활동가들과 함께 역사 속에서, 영화와 문학작품 속에서 병역거부의 흔적들을 찾아냈고, 그 과정은 이제 막 병역거부를 고민하던 나에게도 큰 공부가 됐다.

세계사 속에서 병역거부는 종교적 신념을 지키려는 종교인들로부터 시작되었다. 서기 295년 그리스도를 따르는 사람으로서 로마군의 징집을 거부해 처형당한 막시밀리아누스가 공식 기록에 등장하는 첫 병역거부자다. 그 이후 중세 유럽에서는 소수 평화주의 교파의 종교인들이 병역거부를 이어갔다. 병역거부가 평화운동으로 거듭난 것은 20세기 초반 1차 세계대전 때였으니, 아주 오랫동안 병역거부의 양심은 종교적 양심이었다.

한국에서도 마찬가지였다. 병역거부라는 이름조차 없던 시절, 여호와의증인 신자들은 종교적 신념으로 군대를 거부하고 감옥으로 향했다. 여호와의증인이 아닌 경우에도 병역거부가 시작된 초기 한국의 병역거부자는 대부분 종교적인 양심을 이유로 병역을 거부한 사람들이었다. 제칠일안식일예수재림교회(이하 안식교) 신자들도 여호와의증인 신자들처럼 종교적 신념에 따라 병역을 거부했다. 종교사회학자 강인철 교수의 연구에 따르면, 1956년부터 1976년까지 병역거부로 수감된 안식교 신자는 모두 97명이다. 그러나 유신시대 (1972~1980)를 거치면서 안식교인들은 입대 후 비전투 복무를 하며 전투 복무인 경우에만 병역을 거부하는 방법을 택하게 되는데, 이는 국가폭력이 종교의 자유를 침해한 안타까운 일이다.

한편, 여호와의증인이나 안식교처럼 다수의 신자가 함께 병역거부를 한 것은 아니지만 개인적으로 병역을 거부한 기독교인들도 있었다. 기독교 장로교 신자인 문기병은 1958년 집총 훈련을 거부해 징역 6개월 형을 선고받고 감옥에 갇혔다. 중앙신학교를 중퇴한 홍명선은 함석헌이 세운 씨알농장에 들어가 신앙생활을 하다가 병역거부를 했는데, 이는 퀘이커의 병역거부에 크게 감명받은 함석헌의 영향을 받은 것이었다.[*]

병역거부자에게 가장 가혹했던 1970년대에도 종교인들은 병역거부를 이어갔다. 여호와의증인은 물론이고 기독교와 불교 신자들의 병역거부가 이어졌다. 1978년, "형제끼리 총부리를 겨누는 게 싫다"며 병역을 거부한 기독교인 김홍술은 실형 3년을 선고받고 수감되었다. 그는 출소 후 목사 안수를 받고 부산에서 빈민운동을 했다. 효림 스님은 입대한 뒤 병역거부를 선언

[*] 〈양심적 병역거부자, 언제까지 감옥으로 보낼 것인가?〉 자료집
     중 강인철 발표문, 임종인 의원실, 2006.12.22.

한 선택적 병역거부자였다. 유신시대 말기에 입영영장을 받고 입대했지만 수행자로서의 양심에 위배되는 군사 훈련을 받으면서 가치관의 혼란을 느끼고 결국 병역거부를 택해 감옥살이를 했다. 훗날 효림 스님은 2000년대 초반 결성되어 병역거부운동을 이끌었던 '양심적 병역거부권 실현과 대체복무제도 개선을 위한 연대회의'의 대표를 맡아 병역거부자들을 활발히 지원했다.

이처럼 여호와의증인을 중심으로 소수의 다른 종교인들이 이어간 병역거부는 2000년대 들어 병역거부운동이 등장하며 종교적으로도 폭이 넓어졌다. 퀘이커와 더불어 대표적인 평화주의적 개신교 분파인 메노나이트 교회의 신자, 신학대 학생, 가톨릭 신자, 성공회 신자와 불교 신자가 꾸준히 종교적인 가르침에 기반해 병역거부를 이어갔다.

그렇다면 정치적인 병역거부는 어떨까? 정치적인 병역거부자의 존재도 역사 속에서 찾을 수 있다. 1980년대 후반부터 1990년대 초반까지는 다양한 이유로 군 복무를 거부하는 현역군인들이 등장했다. 당시에는 이들의 행동을 가리켜 병역거부 대신 '양심선언'이라고 불렀다. 1991년 등록금 인상 반대 시위에 참여한 대학생 강경대가 백골단의 강경진압으로 사망하자 전투경찰대 해체를 주장하며 부대를 이탈해 양심선언을 한 박석진, 당시 육군보안사령부가 민간인을 사찰해온 사실을 폭로한 탈영병 윤석양 등이 대표적이다. 그 밖에도 대학 시절 정보기관의 프락치 역할을 했다는 사실을 고백한다거나, 독재자 전두환이 머무는 백담사를 지키는 업무를 수행할 수 없다는 이유 등 다양한 이유로 병역거부를 한 사람이 50명이 넘었다. 양심선언을 한 사람들 중 몇 명은 군부독재 청산, 군 민주화, 당사자들의 명예 회복 등 정치적인 구호를 내걸고 농성을 했다. 병역거부라는 단어조차 생소한 시대였기 때문에 이들이 스스로를 병역거부자로 생각하지는 않았고, 또한 군대에 대한 근본적인 비판을 하지는 않았다는 점에서 이들을 평화주의자로 보기에도 무리는 있다. 하지만 기꺼이 처벌을 감수하면서도 자신의 양심에 반하는 명령이나 행동을 거부했다는 점에서, 이들의 양심선언은 시민불복종으로서의 병역거부였다고 볼 수 있다.

전쟁이 국제적인 정치행위이듯, 병역거부도 국제적인 저항이다. 역사 속에는 평화주의자로서 한국전쟁 참전을 거부한 다른 나라의 병역거부자도 있다. 《독재에서 민주주의로》(백지은 옮김, 현실문화, 2015)를 써서 독재 권력과 맞서는 전 세계 민중들에게 비폭력 직접행동의 이론을 전했던 진 샤프Gene Sharp, 1928~2018는 한국전쟁 당시 전쟁에 반대하며 병역거부를 했다. 철저한 비폭력주의자였던 그는 전쟁은 독재를 무너뜨리고 민주주의를 확장하는 효과적인 방식이 아니라고 생각했다. 퀘이커 신자이자 의사인 병역거부자 존 콘스John S. Cornes, 1927~2011는 1951년 징집영장을 받았으나 비폭력 평화라는 종교적 신념에 따라 병역을 거부했다. 그러나 전쟁의 공포를 피하고 싶은 것은 아니었기 때문에 당시 전쟁으로 폐허가 된 한국에서 대체복무 수행을 희망했다. 이에 따라 의사였던 그는 1954년부터 전북 군산의 한 병원에서 대체복무로 의료봉사를 했다. 한국 정부는 2013년 존 콘스가 전후 재건에 큰 기여를 했다며 수교 훈장을 수여했다. 2013년만 하더라도 한국의 병역거부 자들은 예외 없이 감옥에 수감되었는데, 또 다른 병역 거부자에게는 정부에서 훈장까지 주었다니 역사의 아이러니처럼 느껴질 따름이다.

2000년대 들어 새롭게 등장한 평화주의 병역거부의 스펙트럼은 시간이 지날수록 더 넓어졌다. 저마다의 생각이나 양심은 조금씩 달랐지만, 좀 더 평화로운 세계를 만드는 실천으로 병역거부를 인식한다는 면은 비슷했다. 그런 면에서 2000년대 초반 정치적 병역거부 자들을 평화활동가라고도 할 수 있을 것이다.

병역거부운동을 하며 여호와의증인에서 정치적 병역거부자, 평화주의자로 점점 시야가 넓어지니 보이지 않던 이들이 보이기 시작했다. 역사상 가장 많은 병역거부자가 등장했던 베트남전쟁 당시, 전 세계적으로 거셌던 반전운동의 물결에도 불구하고 한국에서는 병역거부도 반전운동도 없었다는 게 아쉬웠는데, 시야가 넓어지고 보니 한국에서도 베트남전쟁을 반대한 병역 거부자의 존재를 찾을 수 있었다.

김진수는 한국계 미국인으로, 미군 복무 중 베트남으로 파병되었다가 휴가지인 일본에서 탈영해 쿠바 대사관에 망명을 신청한 인물이었다. 중국, 소련을 거쳐 스웨덴으로 망명한 그는 다음과 같은 글을 남긴 것으로 전해진다.

"나는 미국이 베트남에서 행하고 있는 현재의 방식을 바꾸기 위해서 뭔가를 해야 한다고 마음먹었습니다. 게다는 나는 오늘날의 한반도의 비극을 없애는 데 도움이 되어, 확실한 변혁의 가능성을 가져다줄 수 있는, 그래서 현재의 한반도 사람들에게 재통일이 받아들여질 수 있는 뭔가를 해야 한다고 결심했습니다. 그래서 나는 내 마음을 전하기 위해 탈영이라는 길을 택한 것입니다."[*]

미군이었던 김진수뿐만 아니라, 한국군 중에서도 베트남전쟁에 반대하며 병역을 거부한 이들이 있었다. 제주 출신 김이석은 어려서 제주 4·3과 한국전쟁을 몸소 겪었다. 전쟁의 참상을 직접 목격했음에도 의무라는

---

[*]   권혁태, 〈유럽으로 망명한 미군 탈영병 김진수〉, 《황해문화》 83, 새얼문화재단, 2014.

생각으로 입대하지만 베트남전쟁에 파병되자 탈영을 하고 일본으로 밀항한다. 감리교 신자이기도 했던 그는 자신의 신앙과 양심에 비추어 베트남전쟁이 잘못된 일이고, 자신이 가담할 수 없는 일이라고 판단했다. 훗날 김이석은 일본 정부에 발각되어 한국으로 강제송환되었는데, 이후의 삶은 알려져 있지 않다. 마찬가지로 제주 출신인 김동희 또한 군대에서 베트남 파병 명령을 받고 탈영해 평화헌법으로 알려진 일본의 헌법 9조를 언급하며 일본에 망명을 신청했다. 그러나 받아들여지지 않았고, 이후 그는 소련을 경유해 1969년 북한으로 망명했다. 이런 사례들은 병역거부를 입영영장 거부로 보는 협소한 인식하에서는 병역기피, 또는 탈영으로만 이해될 것이다. 그러나 병역거부의 역사와 그 의미의 확장을 알고 나면 이들의 행동을 병역거부로 이해할 수 있다.

한국 병역거부의 역사를 보면 병역거부의 의미가 확장되어가는 과정이 뚜렷하게 드러난다. 종교적 병역거부에서 군사주의에 저항하는 시민불복종으로, 나아가 국가에 의해 배제된 다양한 이들의 목소리로 병역거부의 의미는 조금씩 넓어져왔다. 누군가 내게 병역거부의 의미를 묻는다면, 나는 군사주의에 저항하는 평화활동으로서의 시민불복종이라고 설명할 것이다. 물론 이러한 대답은 시간이 지나면서 천천히 만들어졌고, 솔직

하게 말하자면 병역거부를 처음 고민할 때는 이렇게 똑
부러진 대답을 가지고 있지 않았다. 병역거부의 사회적
의미든 역사든 시간이 지나고 나서 보니 알 수 있게 된
것이지, 병역거부를 처음 접했을 당시에는 잘 몰랐다.
병역거부운동을 시작해놓고도 우리의 행동이 정확히
어떤 의미인지, 우리의 양심이 무엇인지도 잘 몰랐다.

도대체 양심이 뭐길래

돌이켜보면 2000년대 초반 나에게 가장 답하기 어려운 질문은 양심과 비폭력을 둘러싼 질문들이었다. 당시 병역거부자 재판에서 비폭력의 양심을 판단하겠다는 의도로 던져지는 질문 중 유독 많이 마주한 질문은 이런 거였다.

"집에 침입한 강도가 당신의 여동생을 강간하려고 한다. 당신 옆에는 칼이 있다. 당신은 그 칼을 휘둘러 강도를 제압할 것인가?"

인터넷 게시판이나 저잣거리에서 보거나 들었다면 '사람들이 비폭력의 양심을 이런 식으로 생각할 수도 있겠구나' 하고 넘어갔을 텐데, 재판정의 판검사가 이런 질문을 해댄다니 놀라웠다. 이건 질문이 아니라 함정이고 공격이기 때문이다. 질문을 가장한 이런 공격은 대답하는 사람이 딜레마에 빠지도록 하는 것이 진짜 목적이다. 칼을 휘둘러 강도를 제압하겠다고 대답하면 무기를 사용하는 사람이 어떻게 비폭력의 양심을 실천하는 평화주의자일 수 있느냐고 반문하고, 반대로 칼을 휘두르지 않겠다고 대답하면 여동생이 강간당할 위기에 처했는데도 자신의 양심 때문에 폭력을 방관하는 이기적인 사람이 되어버리는 것이다.

그러니 사실 이런 질문은 대답할 필요가 없다. 공격을 위해 만들어진 질문은 어떻게 대답하든 함정에 빠질 뿐이니까. 논의를 위해 만들어진 질문도 아니고 무엇보다 현실적으로 저런 상황이 일어날 가능성도 거의 없다. 여동생이 있고, 한집에 같이 살고, 그 집에 강도가 들고, 여동생을 강간하려고 하고, 때마침 내 옆에는 강도를 제압할 수 있는 무기가 있는 상황이 일어날 확률은 과연 얼마나 될까? 비슷한 일이 일어났다는 이야기를 뉴스에서도 들은 바 없다. 내 동생이 사실은 유도 금메달리스트여서 강도를 간단하게 제압해버리는 상황만큼이나 현실성 없는 소리인 것이다.

그러나 병역거부자들은 최근까지도 이런 질문이 다양하게 변주된, 결국은 똑같은 질문들을 마주했다.

"광주 민주화운동 당시 시민군이 총을 들고 계엄군과 싸운 일에 대해 어떻게 생각하는가?"

"피고인은 일본군 '위안부' 피해 여성이 존재하게 된 이유가 무엇이라 생각하는가?"

"군사력 불균형 때문에 일본군 '위안부' 피해가 발생한 것 아닌가?"

"피고인이 주장하는 평화 방법(병역거부)으로 제

2의 '위안부' 문제가 발생하지 않을 수 있다고 말할 수 있는가?"

역사적 사건에 기반해 그럴듯하게 질문을 던지지만 병역거부자가 스스로의 양심을 훼손하는 대답을 유도한다는 점에서 본질적으로 질문이 아니라 공격이라는 사실은 과거나 지금이나 똑같다. 검사와 판사가 병역거부자의 양심을 검증한다면서 오히려 양심을 훼손하는 방식으로 질문을 던지는 데는 병역기피자를 가려내겠다는 그들 나름의 정의감이 포함되어 있겠지만, 한편으로는 그들 또한 양심이 정확히 무엇인지 잘 모르기 때문이기도 하다.

개인의 양심에 대해 잘 모르고, 또 제대로 생각해보지 않는 것은 판검사들뿐만 아니라 한국 사회 전체의 문제이기도 하다. 조직의 결정이 개인보다 우선하는 집단주의적인 문화에서 그러한 사회의 상식과 불화하는 개인의 양심이 존재하고 누군가는 그것을 우선시할 수 있다는 걸 한국 사회는 인정하기 어려워한다. 평등과 해방을 외쳤던, 대학 시절 내가 속해 있던 학생운동 단체 또한 개인의 양심과 조직의 결정이 대립할 때면 응당 조직의 뜻을 따르는 걸 우선으로 여겼고, 당시에는 나도 그렇게 생각했다.

그러다 병역거부를 만나면서, 나는 비로소 한 번도 생각해보지 않았던 '양심'에 대해 생각해보게 되었다. 내가 외면했던 양심의 순간들을 어렵지 않게 떠올릴 수 있었다. 예를 들어 다양한 학생운동 단체의 대표자들이 연대조직을 구성하기 위해 모인 자리에서 내가 속한 단체의 의장이 연대조직 대표를 맡아야 한다는 주장을 하기 위해 나 스스로도 납득하기 어려운 궤변을 늘어놓았을 때 느꼈던 불편한 감정, 대체복무제 도입을 주장하며 국방위원징실을 점기히디 경찰에 연행되었을 때 어떻게든 훈방 조치를 받기 위해 학생회장인 것도 숨기고 아무런 정치적인 입장이 없는 학생인 것처럼 거짓말했을 때 느꼈던 수치심이 순식간에 가시처럼 날카롭게 돋아났다. 궤변을 늘어놓아서라도 우리 편이 주도권을 쥐어야 한다는, 경찰에 거짓말을 해서라도 훈방 조치를 받는 게 좋다는 조직의 입장이 잘못되었다고 말하고, 나는 그 결정을 따르고 싶지 않다고 외치는 목소리가 그때 분명 내 안에 있었고 그게 바로 내가 외면한 나의 양심이었던 것이다.

질문을 가장한 검사의 공격에 대응하는 건 차라리 쉬울지도 모른다. 그러나 스스로도 외면했던 양심의 목소리에는 차마 답할 수 있는 말이 없었고, 답할 염치 또한 없었다. 그렇게 나는 병역거부를 고민하면서 '양심'의 무게에 대해서도 생각하기 시작했다.

사실 한국 사회에서는 양심의 자유를 옹호하는 사람조차도 양심을 아주 대단한 어떤 것으로 오해하는 경향이 있다. 이는 역사적 경험 때문이기도 할 것이다. 한국 현대사에서 양심의 자유가 사회적 이슈로 떠오른 건 크게 두 번이었는데, 한 번은 비전향 장기수에 대한 사상 전향서를 국가가 강제했을 때이고, 다른 한 번은 양심적 병역거부자를 감옥에 가두는 것이 사회적 문제로 떠올랐을 때다. 그러다 보니 한국 사회에서 양심의 자유란 옥살이도 불사할 정도로 아주 강력한 신념을 지닌 특별한 사람만이 가질 수 있는 것, 다시 말해 무슨 일이 있어도 흔들리지 않고 강력하며 목숨과도 바꿀 수 있을 정도의 단단한 신념으로 형상화되었다.

하지만 본디 양심은 굉장히 약하고 무른 것이다. 민주주의 국가에서 양심의 자유를 보호하는 까닭은 개인의 양심이 민주주의의 핵심적인 요소이기 때문이기도 하지만, 국가가 나서서 보호하지 않으면 양심의 자유가 너무나 쉽게 부서지고 무너지고 침해당할 수 있기 때문이다.

병역거부자의 양심도 마찬가지다. 내 경우에도 흔들리지 않는 대단한 평화주의 신념 때문에 병역을 거부한 게 아니라, 병역거부를 선언하고 나서 그 이름에 걸맞게 살기 위해 노력하다 보니 평화주의라는 신념이 양심으로 자리잡게 되었다. 지나고 나서 결과만 놓고 보자면 감옥도 불사한 강한 결심으로 보일 수 있지만, 과정은 결코 그렇지 않았다. 비교적 수월하게 병역거부를 결심한 나조차도 수백 번씩 흔들렸다. 내 선택이 과연 내 양심에 부끄럽지 않은 선택인지, 결심에 후회하지 않을 자신이 있는지 스스로에게 끊임없이 물었다. 구속되던 날 아침, 내 인사를 외면하며 출근하는 엄마의 슬픈 눈을 보고 나서는 법원으로 가는 발걸음도 쉽사리 떨어지지 않았다. 그때 내 마음은 흔들리지 않는 굳건한 바위 같은 모습이 아니라, 바람 한번 불어도 너무 쉽게 흔들리지만 그 자리를 떠나지는 않는 갈대 같은 모습이었다. 아마 많은 병역거부자가 구속되기 직전까지도 마음속으로는 수백 번도 넘게 입대를 했다가, 탈영을 했다가, 병역거부를 했다가 하며 흔들렸을 것이다.

양심은 흔들리지 않는 단단한 신념이 아니라 스스로 부끄럽지 않기 위해 끊임없이 자신을 비추어보는 거울에 가깝다. 비전향 장기수나 병역거부처럼 사회·정치적인 상황에서만 발현되는 것도 아니다. 부당한 업무 지시를 받고 따를지 말지 고민하는 회사원, 잘못한 게 없는데 반성문을 강요당하는 학생, 원치 않는 거짓말을 해야 하는 모든 사람의 흔들리는 그 마음이 바로 양심이다. 헌법에 보장된 양심의 자유는 바로 이런 외부의 압력에 따라 쉴 새 없이 흔들리는 마음을 각자의 윤리의식, 사상에 따라 스스로 지킬 수 있도록 하는 자유다. 우리는 평소에는 알아차리지 못하더라도 양심의 자유가 침해당하면 그 흔들림으로 양심의 존재를 알아차린다. 양심은 가책과 함께 인지하게 되는 것이다.

　사실 내 양심은 지금도 흔들린다. 다만 이제는 이 흔들림이 너무나 당연하고 자연스럽다는 걸 알기 때문에 불안하지 않을 뿐이다. 흔들리면서도 여유가 생겼고, 그러다 보니 양심의 흔들림을 긍정하면서도 양심을 훼손하려는 공격적인 질문에는 차분하게 답할 수 있게 되었다. 앞서 말한 질문들로 돌아가 만약 내가 다시 병역거부로 재판을 받게 되고, 공격적인 질문들을 받는다면 이렇게 대답해보고 싶다.

　검사의 질문에 대한 가상 답변(이 질문들은 실제 병역거부자들이 재판에서 마주한 질문들 가운데서 뽑았다.)

Q.　피고인은 일본군 '위안부' 피해 여성이 존재하게 된 이유가 무엇이라 생각하나요?

A.　한국군 '위안부'가 존재하게 된 것과 같은 이유라고 생각합니다. 전쟁과 군대가 여성을 착취하기 때문이죠.

Q.　군사력 불균형 때문에 일본군 '위안부' 피해가 발생한 것 아닌가요?

A.　네, 아닙니다. 군사력이 강한 군대든 약한 군대든 다양한 형태의 '위안소'를 운영합니다. 나치 독일

도, 독일과 맞서 싸운 미국과 영국 연합군도 상시적인 '위안소'를 운영하거나 점령지의 여성을 강간하는 등 다양한 방식으로 여성을 성적으로 착취했습니다. 군사력이 약해서 '위안부'가 발생하는 게 아니라, 국가가 군사력을 통제하지 않거나 통제하려 들지 않기 때문에 발생하는 문제입니다.

Q. 피고인은 일본군이 성 노예로 삼기 위해 피고인의 지인 여성을 데려갈 경우 어떻게 행동할 것인가요?

A. 우선, 그 전에 전쟁이 일어나지 않도록 평화운동을 열심히 할 겁니다. 그런데도 우리 힘이 부족해 전쟁을 막지 못했고, 어느 나라든지 간에 군대가 쳐들어와서 제 지인을 강제로 끌고 가려 한다면 목숨을 걸고 비폭력적인 방식으로 저항할 겁니다.

Q. 군대는 누군가를 침략하기 위해 필요한 것뿐만 아니라 그 침략으로부터 나와 가족을 지키기 위해서도 필요한 것 아닌가요?

A. 침략과 방어는 결국 같은 말입니다. 조지 W. 부시는 미국민을 방어하기 위해 이라크를 침략했습니다. 누군가의 방어가 다른 이에게 침략이 되는 상황에서 침략과 방어라는 이분법으로 전쟁을 바라봐서는 안 됩니다. 그런 이분법으로는 평화에 다

다를 수 없다고 생각합니다.

Q. 피고인이 주장하는 평화 방법(병역거부)으로 제2의 '위안부' 문제가 발생하지 않을 거라고 말할 수 있나요?

A. 발생하겠죠. '위안부' 문제는 병역거부만으로 해결할 수 있을 정도로 간단한 문제가 아닙니다. 다만, 병역거부자를 처벌하는 사회와 더 많은 사람이 병역거부를 하는 사회는 '위안부' 문제를 대하는 태도가 굉장히 다를 겁니다.

Q. 칼을 든 강도가 집에 침입해 여동생을 강간하려고 하는데, 당신 옆에 총이 있다면 어떻게 할 건가요?

A. 먼저, 강간범이 제대로 처벌받지 않는, 강간문화가 만연한 사회의 책임을 묻고 싶습니다. 특히 그동안 온갖 강간범들에게 솜방망이 처벌로 일관해 온 법원에 묻고 싶습니다. 병역거부자한테는 1년 6개월이라는 실형을 선고하면서, 강간범은 초범이라는 둥 반성의 기미를 보인다는 둥 각종 이유를 만들어 붙이며 고작 벌금 몇 백만 원을 선고하는 게 사법부입니다. 사법부의 책임을 먼저 묻고 싶습니다.

평화와 비폭력을 상상하기

양심에 대한 고민과 더불어 비폭력에 대한 고민 또한 내게는 커다란 장벽이었다. 양심에 대해 무지했던 것처럼 비폭력과 평화에 대해서도 특별히 생각해본 적이 없었다.

당시 내가 속한 학생운동 단체는 방학 때마다 학번별로 꽤 긴 합숙 워크숍을 진행했는데, 병역거부운동을 조직의 핵심 캠페인으로 정한 다음의 워크숍에서는 병역거부에 대해 긴 토론을 했다. 그때 우리가 우리에게 던진 질문은 재밌게도 요즘의 검사들이 병역거부자에게 던지는 질문과 비슷했다.

"만약 1980년 5월 광주에 있었다면 우리는 시민군에 참여해서 총을 들었을까, 아니면 거부했을까?"

우리 중 누구도 선뜻 입을 열지 못한 채 긴 침묵이 이어졌다. 시민군에 참여해서 총을 들겠다고 하면 병역거부를 못 할 것만 같았고, 반대로 총을 들지 않겠다고 대답하면 광주 민주화운동 시민군을 부정하는 것처럼 느껴졌다. 오랜 침묵을 깨고 누군가 말을 이어갔지만 그 토론에서 만족할 만한 결론을 내리지는 못했던 것 같다.

그 질문이 난제로 느껴졌던 건 아마도 당시 내가 사회운동과 폭력은 뗄 수 없는 관계라고 생각했기 때문이었을 것이다. 혁명은 당연히 무장투쟁이 동반되어야 한다고 생각했고, 꼭 혁명까지 가지 않더라도 투쟁에는 폭력이 필수적이라고 생각했다. 그때만 해도 많은 선배가 "노동자들이 권력을 갖게 되는 순간에는 자본가들이 군대와 경찰을 동원해 폭력을 행사할 텐데, 그럼 우리도 노동자의 군대로 맞서 싸워 이겨야 하지 않겠어?"와 같은 말을 깊은 고민 없이 했고, 후배들도 별다른 이견을 내지 않고 선배의 말을 그대로 흡수했다.

병역거부운동이 시작된 2000년대 초반 한국의 사회운동 문화가 대체로 그랬다. 거리 집회에 나서면 마지막에는 전경, 의경들과 물리적 충돌을 해야만 제대로 투쟁했다고 여겼고, 비폭력은 나약함이나 비겁함 혹은 무기력 같은 말과 나란히 쓰였다. 힘도 약하고 싸움도 못하는 나 같은 사람도 장렬히 산화하는 혁명가의 비극적인 이야기를 즐겨 읽으며 폭력 혁명에 낭만적인 환상을 갖고 있었다. 김수영의 시 〈푸른 하늘을〉의 시구처럼 "자유에는 피의 냄새가 섞여" 있다고 생각했는데, 그 피의 냄새에 대해서는 깊게 생각하지 않은 것이다. 대규모 거리 시위에 나설 때면 화염병을 던지고 쇠

파이프를 휘두르는 사수대가 근사하고 멋지다고도 생각했다.

그런 나에게 병역거부운동은 사회운동의 폭력성에 대한 질문을 던졌다. 너무나 당연하게 여겨왔던 것을 질문으로 맞닥뜨리자 혼란스러웠다. 물론 폭력 시위에 대한 정서적이고 문화적인 동경 같은 것들은 당시에도 여러 측면에서 비판이 제기되었다. 예컨대 사수대를 칭송하는 문화가 어떻게 투쟁에 참여하는 사람들 사이의 위계를 나누고 권력을 형성하며 운동을 비민주적으로 만드는지에 대한 페미니스트들의 비판에 나 또한 동감하고 있었다. 다만, 압도적인 국가폭력이 작동하는 현장, 예를 들면 철거용역 깡패들이 남녀노소를 불문하고 마구잡이로 철거민을 폭행하고 경찰은 그걸 지켜만 보고 있는 상황에서 스스로를 지키기 위해 쇠파이프를 들고 화염병을 준비하는 철거민들을 비판할 수는 없다고도 생각했다. 당장 눈앞에 폭력이 있는 상황에서 비폭력은 한가한 이야기 아니냐는 누군가의 주장에 나는 선뜻 반론을 펼칠 수 없었다.

그렇다고 폭력투쟁을 최선의 대안이라고 여기지도 않았다. 병역거부를 알게 되고, 평화활동가들을 만나면서 나 또한 그들의 영향을 많이 받았다. 군사기지에 잠입해 출격을 앞둔 전투기를 망치로 때려 부순 외국 활동가들의 이야기를 들으면서 비폭력이 소극적이거나 비겁하고 나약한 방식이 아니라는 것도 알게 되었다. 무엇보다 비폭력투쟁은 폭력투쟁보다 매력적인 면이 많았다. 사수대는 비장애인 남성만 참여할 수 있었던 반면, 비폭력 직접행동은 남녀노소를 가리지 않았다. 전투기를 때려 부순 이들도 전원 여성 활동가였고, 청년도 아니었다. 사수대는 군대 같았지만, 기존의 시위와는 다른 방식의 창의적인 비폭력 직접행동은 어떤 면에서 예술가의 퍼포먼스처럼 느껴지기도 했다. 결정적으로, 병역거부를 고민하던 내가 폭력투쟁을 옹호한다는 건 아무래도 앞뒤가 맞지 않았다.

병역거부를 선언하고 병역거부운동을 열심히 하면서 마음은 점점 비폭력 쪽으로 기울었지만, 병역거부와 비폭력 사이의 연결을 논리적으로 설명하는 건 꽤 오랫동안 어렵게 느껴졌다. 내가 병역거부를 선택하는 양심이 비폭력이라는 것을 논리적으로 설명하기, 내게는 그것이 숙제였다. 사회적으로 너무나 고립된 병역거부운동이 힘을 내려면 지지해줄 사람들이 필요했는데, 사회운동 활동가들 또한 폭력투쟁이 당연하다고 여기던 당시의 사회 분위기 속에서 이 문제를 해결하지 않고서는 동료가 될 수 있는 다른 활동가들을 설득할 수 없다고 생각했다.

비폭력에 대한 확신을 얻게 된 건 이를 실용적인 측면에서 바라보면서부터였다. 비폭력투쟁이라고 하면 떠올릴 수 있는 대표적인 사례는 간디의 소금행진[*]이나 마틴 루터 킹의 흑인민권운동^{**}이다. 국내 사례로 보자면 새만금 갯벌을 살리기 위한 문규현 신부, 수경 스님, 김경일 교무의 삼보일배와 KTX 철로 공사로 보금자리를 잃을 위기에 처한 천성산 도롱뇽을 지키기 위한 지율 스님의 단식투쟁이 있다. 비폭력투쟁의 대표적인 사례가 이렇다 보니 비폭력 직접행동은 굉장히 숭고하고 종교적인 이미지로 상상되기 쉬웠다. 특히 삼보일배나 50일이 넘는 장기간 단식 같은 직접행동은 육

---

*   제국주의 영국에 저항한 인도의 비폭력 직접행동. 1930년 영국이 소금 생산과 판매를 독점하고 소금에 관한 세금을 부과하자 간디는 이에 저항하며 세금 납부를 거부하고 비폭력 행진을 시작했다. 24일 동안 진행된 행진은 갈수록 참여자가 늘어나 바닷가에 도착할 즈음에는 수만 명에 이르렀고, 이 직접행동으로 6만여 명의 인도인이 투옥되었다. 제국주의 영국의 폭력에 맞서는 정치적인 독립운동이자 제국주의의 폭력성을 비폭력적인 방식으로 세계에 알린 직접행동으로 평가받는다.

**   1950년대에서 1960년대에 걸쳐 일어난 인종차별 철폐와 시민권 획득을 요구한 아프리카계 미국인들의 운동. 당시 미국은 법과 제도에 따라 흑인과 백인의 분리가 엄격했는데, 비폭력적인 방식으로 법과 제도를 어기는 시민불복종으로 진행되었다. 1955년 몽고메리에서 흑인민권운동 활동가인 로자 파크스가 흑인 착석 금지인 버스 좌석에 앉은 것을 계기로 미국 전역에서 10년 넘게 시민불복종과 대규모 거리 시위가 지속되었다. 흑인민권운동은 1964년 민권법 제정을 이끌어내며 공공장소에서의 인종 분리를 종식했다.

체에 극한의 고통을 가하는 방식으로, 종교적인 고행을 자처하는 성직자가 아니라면 비폭력 직접행동은 감내하기 힘든 방식이라고 여겨지기도 했다.

전쟁없는세상 동료들과 함께 나는 비폭력 직접행동의 다양한 사례를 찾아보고, 어떤 것은 한국 사회운동에 접목해서 시도해보기도 했다. 그 과정에서 우리는 비폭력 직접행동 또한 상당한 희생을 감수해야 할 수도 있고 성공하기 위해서는 충분한 노력과 준비 과정이 필요하지만, 그럼에도 폭력적인 방식보다는 비폭력적인 방식이 사회운동의 목표를 달성하는 데 더 효과적이라는 것을 깨달았다. 특히 사회운동의 목표가 부정한 권력자를 몰아내는 데 그치지 않고 사회의 민주주의를 확장하고 기존의 패러다임을 전환하는 것이라면 폭력적인 방식으로는 결코 새로운 세계, 새로운 질서를 세울 수 없다.

비폭력투쟁을 준비하는 방식은 특히 마음에 들었다. 예전에는 소위 말하는 '지도부'에서 전술을 짜서 하달하면 그걸 수행하는 나는 이유도 잘 모른 채 따르기 바빴다. 각자의 역할 또한 이미 명확하게 정해져 있었다. 일사불란하게 움직여야 하는 사수대에는 일사불란하게 움직일 수 있는 사람만이 참여할 수 있었고, 그들 또한 지도부에서 짠 전술에 대해 비판하거나 토론할 수 있는 여지가 없었다. 반면 비폭력 행동은 다양한 사람들이 참여할 수 있었고, 참여하는 사람들이 함께 행동의 목표를 공유하고 전술을 짜야 했다. 더 능동적인 참여는 당연하게도 더 많은 적극성과 책임감을 이끌어냈고, 동시에 효율성도 올라갔다. 가치적인 측면뿐만 아니라 투쟁을 준비하고 실행하는 현실적인 측면에서도 비폭력투쟁이 더 효과적이었다.

　물론 그런 내 생각을 다른 사람들에게 설득하는 건 또 다른 문제였고, 쉬운 일도 아니었다. 설득에서 논리는 필수적이지만, 사람은 논리만 따져서 생각을 바꾸지 않는다. 익숙한 방식을 벗어나기 위해서는 경험적인 감각이 중요하다. 눈으로 보고 몸으로 겪는 경험이 쌓여야 비로소 새로운 논리와 주장도 받아들일 수 있게 된다. 나와 전쟁없는세상 친구들은 꾸준히 비폭력 실천을 이어갔다. 우리는 내부적으로 비폭력 철학에 대한 논리를 단단하게 쌓아가면서 몸으로 말했다. 평택 대추리에서는 미군기지 확장 이전을 반대하며 공사를 하는 포클레인 위에 올라갔고, 제주 강정마을에서는 해군기지 부지 공사를 하는 차량을 막기 위해 몸에 쇠사슬을 묶고 도로를 막아섰다.

　그리고 병역거부를 했다. 병역거부자는 꾸준히 등장했고 감옥에 갔다. 물론 모든 병역거부자가 비폭력주의자는 아니었지만, 병역을 거부하고 감옥에 가는 일은 굉장히 정치적인 비폭력 직접행동이었다. 시간이 갈수록 다양한 병역거부자가 등장했고, 그만큼 비폭력 직접 행동에 대한 상상력도 넓어져갔다.

이등병이 쏘아 올린 작은 평화

"용석 씨, 오는 길에 음반가게에 들러서 김광석의 〈이등병의 편지〉 있는 앨범 좀 사다 줄 수 있어요?"

종로5가에 있는 기독교회관에 가는 길에 평화인권연대 활동가 오리(최정민)의 전화를 받았다. 그 전화를 받기 전날, 병역거부자이자 학생운동 선배인 나동혁의 신신당부가 있었다. 기독교회관에서 병역거부 관련해 중요한 기자회견이 있으니 꼭 오라는 이야기였다. 오리는 한국에서 처음 병역거부운동을 시작한 활동가다. 지금은 전쟁없는세상에서 함께 활동하는 동료이고 아주 가까운 친구지만 2003년에는 서로 존대하는 서먹한 사이였다. 당시 나는 대학교 마지막 학기를 다니고 있었고 졸업 후에 뭘 할지 구체적인 계획은 없었지만 계속 병역거부운동을 하고 싶다고 생각했다. 그 때문에 정확히 무슨 기자회견인지도 모른 채, 왜 김광석 앨범이 필요한지도 모른 채 기자회견장으로 향했다.

김광석 앨범을 사기 위해 한 정거장 전인 종로3가에서 내려 걸었지만 음반가게는 보이지 않았다. 광화문

교보문고나 명동성당 앞에 있는 음반가게가 떠올랐지만 시간이 빠듯했다. 조금만 일찍 연락을 받았다면 집에서 파일로라도 구매해 갈 수 있었을 텐데, 하는 생각으로 아쉬움을 곱씹으며 기독교회관에 도착하자 그제야 왜 〈이등병의 편지〉가 필요한지 깨달았다. 기자회견장에는 '이등병의 편지—이라크 파병은 절대로 안 됩니다'라는 문구가 쓰인 현수막 앞에 군복을 입은 어리숙한 표정의 젊은이가 서 있었다. 바로 현역군인으로서는 최초로 공개적 병역거부를 선언한 강철민이었다.

2003년은 전 세계에서 반전운동이 아주 활발하게 일어난 해였다. 당시 조지 W. 부시 미국 대통령은 많은 사람이 예상한 대로 이라크를 침공했다. 미국의 동맹국인 영국이 대규모의 전투병을 파병했고, 한국 또한 미국으로부터 전투병 파병 압박을 받았다. 미국과 영국을 필두로 전 세계에서 대중적인 반전운동이 일어났고, 인간 방패를 자처하며 이라크로 향하는 평화활동가들도 있었다. 특히 이라크에 파병하는 나라의 활동가들이 많이 참여했다. 이라크 바그다드에 자국민이 많이 있다면 적어도 해당 국가의 파병을 막거나 늦추거나 규모를 줄일 수 있을 거라고 생각했기 때문이다.

한국에서도 동화작가 박기범, 평화활동가 임영신, 유은하 등이 인간 방패를 자처하며 이라크로 향했고, 국내에서도 전쟁 반대와 파병 반대를 외치는 대중적인 집회가 여러 차례 열렸다. 거센 반대 여론으로 결국 한국 정부는 전투병 파병 대신 치안 유지와 재건 사업을 담당하는 자이툰부대를 파병하기로 결정했고, 국회에서도 파병 동의안이 통과되었다. 미국의 압력에도 불구하고 전투병을 파병하지 않은 건 잘한 일이었지만, 어찌 되었든 대한민국은 미국과 영국 다음으로 세 번째로 많은 군인을 파병한 나라라는 오명을 쓸 수밖에 없었다. 과연 한국에서도 베트남전쟁 당시의 미국에서처럼 참전을 거부하는 현역군인 병역거부자가 등장할 것인지, 막연한 기대감 속에서 촉각을 곤두세웠다.

　이제 막 기지개를 켰던 한국 평화운동의 활동가들은 베트남전쟁 때의 반전운동과 같은 일을 한국에서도 할 수 있기를 기대했다. 당시 미국에서는 대중적인 대규모 거리 시위부터 징병 사무소에 들어가 징병 문서를 탈취해 불태우거나, 전쟁에 쓰일 무기를 생산하는 공장에 들어가 시설을 파괴하는 액션 등 폭발적이고 기발한 시위가 다양하게 일어났다. 병역거부도 이어졌다. 권투 헤비급 세계 챔피언인 무하마드 알리는 "나는 당신들이 아니라 내가 원하는 챔피언이 되겠다. 베트콩은 우리를 검둥이라고 욕하지 않는다. 베트콩과 싸우느니 흑인을 억압하는 세상과 싸우겠다"라고 선언하며 병역거부를 했다. 알리는 병역거부로 챔피언 자격을 박탈당했고, 선수로서 최전성기였던 시기에 몇 년 동안 재판을 받아야 했다.

당시 미국에서 병역거부는 매우 대중적인 실천이었다. 진보적인 역사학자 하워드 진에 따르면 1965년 중반까지 380명이던 미국의 병역거부자 수는 1969년 말 3만 3,960명에 이르렀다. 이들은 모두 입영 자체를 거부한 사람들이다. 베트남전쟁에 참전했다가 전쟁의 실상을 목격하고 베트남전쟁을 반대하기로 결심해 명령을 거부하거나 탈영한 사람은 1972년까지 8만 9,000여 명으로 입영거부자보다 훨씬 더 많았다.

솔직하게 말하자면 2003년 당시에는 한국에서 전쟁을 반대하며 병역거부를 하는 현역군인이 등장할 거라고 쉽게 상상하지 못했다. 병역거부는 오랫동안 특정 종교인의 예외적인 일탈행위로 여겨졌고, 불과 몇 년 전만 하더라도 훈련소에 입소해서 집총을 거부한 여호와의증인 신자들이 군법으로 실형 3년 형을 선고받는 등 가혹한 처벌을 감내해야 했으니 선뜻 병역거부를 하겠다고 나서는 사람이 없는 게 당연했다. 게다가 자이툰부대는 베트남전쟁 당시 미군 탈영병처럼 민간인 사살 같은 행동을 강요당하는 처지도 아니었다. 파병에 반대하며 병역거부를 선언하는 군인이 등장하면 좋겠다고 생각은 했지만 솔직히 큰 기대는 하지 않았다. 그냥 우리끼리 둘러앉아 "베트남전쟁 때 미국처럼 우리나라에서도 군인들이 이라크전쟁 파병 반대 외치면서 병역을 거부하면 얼마나 좋을까?"와 같은 말을 주고받으며 이루어지리라고 기대하지 않는 일을 기쁘게 상상할 따름이었다. 그런데 강철민이라는 이등병이 갑작스레 나타난 것이다.

강철민과의 만남은 놀라움의 연속이었다. 그는 그때까지 내가 만난 병역거부자들과는 다른 범주의 인간이었다. 그는 이라크전쟁이 발발하기 선까지 병역거부라는 단어를 들어본 적도 없다고 했다. 그저 이라크 파병을 반대하기 위해서 뭐라도 해야겠다는 생각이었고, 스스로 생각하기에 파병 철회를 주장하며 군인으로서 할 수 있는 일이 휴가에서 복귀하지 않는, 일종의 파업이었다고 했다. 그렇게 신병 휴가를 나와서 언젠가 기사에서 봤던 이라크 반전평화팀 지원연대 염창근에게 자신의 뜻을 알렸고, 이후 기독교회관에서 농성을 하며 한국군의 이라크 파병 철회를 주장했다. 현역군인이 전쟁을 반대하며 병역을 거부하다니, 그토록 고대하던 일이 정말로 벌어진 것이다.

나 또한 다른 평화활동가들과 함께 강철민의 농성에 적극적으로 동참했고, 정말 많은 시민이 강철민을 지지하기 위해 농성장을 찾았다. 나중에 알게 되었지만 현역군인으로 병역거부를 선택한 사람이 강철민이 처음은 아니었다. 베트남전쟁 당시 파병에 차출되자 병역거부를 했던 김이석과 김동희 그리고 1980년대 후반부터 1990년대 초반까지 다양한 이유로 양심선언을 했던 군인들이 있었다. 하지만 2003년 당시 김이석과 김동희는 알려져 있지 않았고, 양심선언은 병역거부로 여겨지지 못했다. 그러니 강철민이 몰고 온 사회적 충격은 대단했다.

강철민의 병역거부가 충격적이었던 이유는 그가 여러모로 이전의 병역거부자들과는 달랐기 때문이다. 평화주의 병역거부나 여호와의증인 신자가 모든 전쟁을 반대한 반면, 강철민은 총을 들고 국가를 지키는 일은 부정하지 않았다. 그는 외국 군대가 한국을 침략한다면 자신에게 병역의무가 없더라도 자진 입대해서 나라를 지킬 것이지만, 이라크전쟁 파병은 세계 평화에 이바지한다는 대한민국 헌법에 위배되는 것이기 때문에 병역거부를 할 수밖에 없다고 말했다. 이처럼 군대나 전쟁 자체가 아니라 특정 전쟁이나 특정 명령을 거부하는 행동을 '선택적 병역거부'라고 한다. 우리는 강철민이라는 선택적 병역거부자를 처음으로 마주한 것이었다.

그러나 사실 역사상 존재했던 병역거부자들 중 대다수는 선택적 병역거부자다. 가장 많은 병역거부자가 등장한 시기도 전쟁이 일어났을 때다. 다른 사람이 나를 죽일 수도 있고, 내가 다른 사람을 죽여야만 할 수도 있는 상황에서는 꼭 평화주의자가 아니더라도 양심의 목소리에 귀 기울이게 된다. 베트남전쟁 당시 3만 명이 넘었던 미국의 병역거부자들도 대부분 선택적 병역거부자였다. 인기 드라마 〈왕좌의 게임〉의 원작 작가인 조지 R. R. 마틴도 베트남전쟁 당시 병역을 거부했다. 그는 훗날 인터뷰에서, 나치와 싸운 2차 세계대전이었다면 입대했겠지만 베트남전쟁은 미국이 피할 수 있는 전쟁이었기 때문에 병역거부를 했다고 밝혔다. 이처럼 전쟁 시기의 활발한 선택적 병역거부는 병역거부가 대중적인 평화운동으로 확산될 수 있는 잠재력을 드러내기도 한다. 우리는 강철민이 짊어져야 할 역사의 무게를 걱정하면서도 그의 선언을 마음 깊이 반겼다.

하지만 강철민과 함께한 농성이 오래가지는 못했다. 강철민은 2003년 11월 28일, 약 일주일간 이어진 농성을 접었다. 그리고 당시 노무현 대통령에게 면담을 요청하면서 청와대로 행진하던 도중 경찰에 연행되었고, 결국 다른 병역거부자처럼 실형 1년 6개월 형을 선고받았다. 항소심 재판 판사는 "실정법상 어쩔 수 없이 처벌하지만 강철민군의 행동은 분명 역사가 평가할 것"이라고 말했다.

결과적으로 보자면 강철민의 병역거부가 한국군의 이라크 파병을 막거나 지연시키지는 못했다. 자이툰부대는 예정대로 파병되어 활동했고, 2004년에는 한국인 김선일이 테러리스트들에게 납치되어 참수당하는 비극적인 일도 발생했다. 하지만 강철민의 병역거부는 상명하복에 충실하며 일사불란하게 움직이는 군대라는 집단에도 자신의 양심을 차마 외면하지 못하는 인간이 존재한다는 것을 우리 사회에 일깨워줬다. 그 덕분에 우리는 차마 폭력에 동참할 수 없는 보통 사람들의 양심이 언제 어떻게 작동하는지 알 수 있었다.

강철민이 쏘아 올린 작은 평화는 병역거부가 전쟁에 저항하는 직접행동이라는 사실을 온몸으로 경험하게 했다. 오태양을 지원할 때의 내가 병역거부에 대한 깊은 생각 없이 그저 병역거부자를 감옥에 가두지 말 것, 다시 말해 양심의 자유를 보장하라는 주장에 마음이 움직였다면, 강철민과 함께한 경험은 병역거부가 전쟁을 막기 위한 실천이라는 것을, 감옥에 가는 것으로 부당함을 알리는 시민불복종이라는 것을 비로소 체감하게 했다.

강철민을 만난 이후 나는 직접 병역거부를 하는 쪽으로 확실하게 마음이 기울었다. 병역거부가 사회적으로 어떤 의미가 있느냐는 질문에 대한 대답이 계속 목에 걸린 가시처럼 남아 있던 나에게 강철민의 등장은 충격이고 확신이었다. 강철민의 병역거부를 보며 나는 병역거부가 전쟁과 폭력에 대한 적극적인 저항이 될 수 있다는 사실을 확신하기 시작했다.

다양한 '겁쟁이'들의 등장

2001년 오대양의 병역거부선언 이후 아주 천천히, 그렇지만 굉장히 꾸준히 병역거부자가 나타났다. 초기 병역거부자는 주로 활동가 출신이었다. 오태양은 불교 신자이면서 수행 공동체를 지향하는 불교계 시민단체인 정토회에서 북한 어린이 돕기 운동을 하던 평화활동가였고, 같은 동족의 가슴에 총부리를 겨눌 수 없다며 병역거부를 한 유호근은 민족주의 계열 학생운동 단체의 활동가였다. 나동혁 또한 마크르스레닌주의를 표방한 학생운동 단체의 활동가였다.

이 셋은 성격만큼이나 관심사도 달랐다. 나동혁의 말에 따르면, 대체복무제 도입을 위해 무엇을 할 것인지를 놓고 이야기를 나눌 때도 오태양은 의료시설이나 노인시설에 가서 봉사활동을 하자고 하고, 유호근은 배 타고 연평도 등 남북 접경지역에 가서 평화를 위한 퍼포먼스를 하자고 했다는데 자기는 그 둘 다 마음에 들지 않았다고 한다. 기질도, 사상도, 양심도 제각각인 병역거부자 세 사람이 모여 서로 자기가 관심 있는 활동을 하자고 열심히 설득하는데 그 누구도 다른 이에게 설득당할 마음이 없는 장면을 상상하면 절로 웃음이 나온다. 오태양과 유호근과 나동혁 이후에도 많은 병역거부자가 등장했고, 오태양과 유호근과 나동혁의 차이는 차이도 아닐 만큼 다양한 사람이 다양한 이유로 병역을 거부했다.

어쩌면 당연하게도 종교에 몸담고 있던 청년들이 가장 먼저 반응했다. 오태양에 이어 한국대학생불교연합회 활동가였던 김도형이 종교적 신념으로 병역거부를 선언했다. 총을 들고 살인 훈련을 받은 손으로 아이들을 가르칠 수 없다고 생각했던 초등학교 교사 김훈태 또한 불교 신자였다.

가톨릭교회에서도 병역거부자들이 등장했다. 청소년 시절까지 신부가 꿈이었던 고동주는 유호근의 병역거부 소식을 뉴스로 접하며 병역거부를 알게 되었고, 결국 자신도 병역을 거부했다. 고동주의 병역거부는 가톨릭교회 내부에서 한국 교회와 병역거부에 대한 진지한 고민과 토론이 이어지는 계기가 되었다. 우리신학연구소, 천주교인권위원회, 서울가톨릭대학생연합회는 앞장서서 가톨릭교회 내부 논쟁에 불을 지폈다. 가톨릭교회의 '정의로운 전쟁론' 교리 해석을 둘러싸고 토론이 이어졌고, 가톨릭교회에서는 아주 중요한 문서인 제2차 바티칸 공의회 문헌 〈사목헌장〉 79항에 병역거부를 인정하고 대체복무의 필요성을 이야기한 구절이 있다는 것도 새롭게 논의되었다. 고동주의 영향을 받아 서울가톨릭대학생연합회에서 같이 활동한 백승덕이 병역거부를 선언했고, 이후 홍원석이 가톨릭교회의 병역거부를 이어갔다.

기독교에서도 병역거부자들이 등장했다. 평화활동가들과 인연이 있던 박정경수가 병역거부를 했고, 진보적인 기독교 매체인 《복음과상황》에 실린 박정경수의 기사를 본 이상민도 병역거부를 했다. 이상민의 친구로서 이상민이 감옥에 수감되었을 때 후원회장을 맡았던 조성현은 훗날 예비군 훈련을 거부했고, 조성현과 알고 지내던 김형수 또한 예비군 훈련 거부를 고민하던 중 조성현의 소식을 듣고 결심을 굳혔다. 장애인권활동가 권순욱, 신학대 학생회장이었던 하동기 등도 기독교인으로서 병역거부를 했다. 병역거부자는 아니지만 한국 기독교 병역거부자들의 이야기에서 여러 차례 언급되는 이름이 있는데, 바로 기독교 공동체인 '개척자들'의 창립을 주도했던 송강호 전 대표다. 이 공동체는 세계 분쟁지역에서 평화를 말하며 봉사와 선교활동을 이어갔다. 조성현, 김형수 등 여러 기독교 청년들은 송강호의 강의를 들으며 병역거부를 깊이 생각하게 되었다고 말했다.

종교처럼 확연하게 드러나는 건 아니지만 또 하나

의 주목할 만한 흐름도 이어졌다. 초기 병역거부자들은 군인을 영웅으로 만드는 군사주의에 저항했지만 다른 한편에서는 그들 또한 반군사주의운동의 남성 영웅이 되었다. 감옥을 두려워하지 않고 사회적 비난을 이겨내는 강한 신념을 가진 이들로 인식되었기 때문이다. 확실히 초기 병역거부자들의 소견서를 보면 부드러운 언어를 구사하면서도 확신에 가득 차 있고 자신의 신념과 양심에 자신감이 넘친다. 그런 상황에서 등장한 병역거부자 유민석은 새로운 충격을 주었다.

유민석을 처음 봤을 때 나는 '이런 병역거부자도 가능한가?'라는 생각을 했다. 전경으로 복무 중이던 그는 어느 진보정당 활동가를 통해 전쟁없는세상에 상담을 요청해왔고, 우리는 그 진보정당 사무실에서 처음 만났다. 유민석은 앞서 나열한 병역거부자들과는 또 달랐는데, 무엇보다 자신이 병역거부자로서 충분한지에 대해 자신 없어 했다. 오태양이나 유호근, 나동혁은 공손하고 겸손한 태도와 말투 속에도 분명 자신감과 확신 같은 것이 있었다. 알 수 없는 미래에 대한 두려움도 있었겠지만 그 두려움을 이겨낼 수 있다는 강한 자신감이 엿보였다. 반면 유민석은 지나치게 소심하고 조심스러워 보였는데, 그것은 공손이나 겸손이라는 태도와는 확실히 다른 것이었다. 그는 자신의 떨림과 불안, 그리고 무엇보다 나약함을 숨기려 하지 않았고 오히려 그

것을 병역거부의 언어로 썼다. 전쟁 영웅(군인 남성)과 평화 영웅(병역거부자 남성) 어디에도 속하지 않는 자신의 유약함과 나약함이, 즉 '남자답지' 못한 섬세함이 유민석에게는 병역거부의 이유이자 병역거부를 하는 방식이었다. 유민석은 퀴어페미니스트로서 기존의 병역거부자 남성들과는 다른 자신의 인식과 정체성을 긍정했다.

지금이야 병역거부운동에서 페미니즘의 관점이 중요하다는 게 상식으로 여겨지지만, 병역거부운동이 이제 막 시작된 2000년대 초반에는 나를 포함해 많은 사람이 병역거부운동을 페미니즘의 관점으로 펼치는 게 대체 무엇인지 명확하게 알지 못했다. 그런 상황에서 유민석의 병역거부는 병역거부운동의 언어가 어떻게 페미니즘과 만날 수 있을지를 깨닫게 해주었다. 유민석은 병역거부를 선언하면서 다음과 같은 소견서를 발표했다.

겁이 많고 어리바리한 제 심약함이 신념에 따른 병역거부의 사유로는 어찌 보면 미약할지도 모릅니다. …… 남성적인 가치들을 강요하는 군대에서의 경험을 통해 반작용적으로 깨닫게 된 섬세한 정체성과 내 안의, 또한 내가 옳다고 생각하는, 그런 여성성이 결코 부끄러운 것이 아니라면, 겁이 많고 남을 죽이는 연습을 해야 하는 시뮬레이션의 군사 훈련조차 벌컥 손부터 떨리는, 아직은 사람들에게 낯설게 느껴지는 부류의 '사내자식이 계집애 같다'는 그러한 '성적 소수자'로서 바라보았던 남성화된 병영문화의 병폐와 호전적이고 공격적인 남성성을 재생산하는, 군대라는 '진짜 남자'가 되기 위한 통과의례를 거부할까 합니다.*

—유민석, 병역거부 소견서 중, 2006.3.6.

그의 소견서를 보며 앞으로 병역거부운동이 나아가야 할 방향은 더욱 명확해졌다. 병역거부운동이 지향하는 페미니즘은 여성 활동가들이 마이크 잡고 사회 보고 발언하는 정도에 그치지 않고 군대와 군사주의가 재생산하는 성차별주의에 맞서야 한다는 사실을 다시 한번 깨달았다.

유민석의 등장 이후로 많은 병역거부자는 더 이상 용감하지 못한, 강인하지 못한, 다시 말해 소위 '남자답지' 못한 자신의 모습을 부정하지 않았고, 그 나약함의 자리에서 병역거부를 사유하기 시작했다. 이런 사유들

---

* 유민석의 병역거부 소견서 전문은 다음의 책에서 볼 수 있다. 《우리는 군대를 거부한다》, 전쟁없는세상 엮음, 포도밭, 2014, 94쪽.

은 종교적인 이유 혹은 사회운동적인 이유처럼 조직적인 형태를 띠지는 않았지만 병역거부를 고민하는 사람들에게 자연스럽게 스며들었다. 자신의 몸에 각인된 남성성에 대한 성찰을 병역거부의 핵심적인 사유로 제시한 현민과 김경묵의 소견서가 대표적이다.[*] 이들은 폭력에 대한 두려움을 숨기지도 부끄러워하지도 않았다.

나는 두려움이야말로 용기의 가장 중요한 요소라고 생각한다. 폭력을 두려워하지 않는 사람은 용감한 사람이 아니라 용감한 척하는 사람이다. 그들은 자신의 두려움을 숨기기 위해 오히려 폭력적인 태도를 취한다. 진정 용감한 사람은 나에게 쏟아지는 폭력뿐만 아니라 내가 행사하는 폭력을 두려워할 줄 알고 그 두려움을 통해 폭력을 살펴볼 줄 아는 사람, 두려워하면서도 그 두려움을 똑바로 마주 보는 사람이다. 두려움을 인정하는 것은 폭력을 성찰할 수 있는 가장 중요한 힘이다.

병역거부의 이유만큼이나 시기나 형식도 다양해졌다. 이라크 파병을 반대하며 현역군인 신분으로 병역을 거부한 이등병 강철민이 시작이었다. 입대 전 병역

---

[*]　현민의 소견서는《우리는 군대를 거부한다》151쪽에 수록되어 있고, 김경묵의 소견서는 다음의 링크에서 전문을 읽을 수 있다. http://www.withoutwar.org/?p=9154

거부를 고민하다가 그나마 총을 들지 않는 의경으로 지원한 이길준은 복무를 하던 중 미국산 소고기 수입 반대 촛불집회를 마주한다. 집회에 모인 시민들을 보이지 않게 때리라는 명령을 흔쾌히 따르지도 거부하지도 못하던 그는 진압복 안에 숨어 울며 "내 안에 있는 인간성이 하얗게 타버린 것 같"은 나날을 보내다가 결국 병역거부를 결심한다.** 또한 군대에 다녀온 뒤 예비군 훈련을 거부하는 사람들도 나타났다. 조성현이나 김형수는 입대 전에도 병역거부를 고민했지만 여러 사정으로 입대했고, 제대한 뒤 예비군 훈련을 거부하는 병역거부자가 되었다.

이들은 입대 후 급격한 생각의 변화를 겪었다기보다는 도저히 따를 수 없는 명령이나 군대의 결정을 마주하거나 입대 전부터 가지고 있던 병역거부에 대한 생각이 더 확고해져서 병역을 거부했다. 한편에서는 이들이 입대했다는 사실만을 부각하며 어떻게 양심이 변하느냐고 비난한다. 하지만 이들의 존재야말로 국가폭력 앞에서 개인이 양심을 지키는 게 얼마나 어려운 일인지를 보여주는 증거이고, 따라서 무너지거나 굴복하기 쉬운 우리의 양심을 사회적으로 지켜가는 게 얼마나 중요

** 〈"그때 하얗게 타버렸다. 내 안의 인간성이……"〉, 《프레시안》, 2008.7.25. https://www.pressian.com/pages/articles/90081

한지를 보여주는 사례다.

　병역거부자들의 다양한 양심은 당연하게도 당대의 국가폭력과 만난다. 2000년대 초반에는 이라크 파병과 김선일의 죽음이, 2000년대 중반에는 평택 미군기지 이전 반대 집회에서 정부와 군대가 보여준 폭력성이 병역거부자들의 양심을 흔들었고, 2010년대에 들어서는 용산 참사와 쌍용자동차 노동조합 파업에서 철거민과 노동자들에게 무자비하게 행사된 공권력의 폭력이 병역거부자들의 결심을 굳혔다. 2010년대 중반 이후에는 세월호 참사와 국가의 역할에 대해 진지하게 고민한 결과가 병역거부로 이어지기도 한다.

　남성성에 대한 성찰, 군대와 전쟁이 초래한 무고한 사람들의 희생, 공권력의 폭력성과 무책임함에 이르기까지 병역거부자들이 사회에 던진 질문들은 묵직하다. 이 묵직한 질문 앞에 서면 병역거부라는 행위가 자칫 숭고해 보이기까지 한다. 그렇지만 병역거부자들이 실제로 겪는 현실적인 갈등은 숭고함과는 거리가 멀었다. '인생은 실전'이라는 어느 우스갯소리처럼 많은 병역거부자가 가장 힘들어한 것은 숭고한 가치를 둘러싼 사회적 갈등이 아니라 자신의 삶에서, 아주 가까운 이들과의 사이에서 일어나는 바로 눈앞의 갈등이었다.

아빠는 박노자를 읽기 시작했다

병역거부자는 자기가 왜 병역거부를 하는지, 군대를 거부하는 게 어떻게 평화와 연결되는지를 이야기하고 이해받고 싶어 하는 경우가 많다. 하지만 기자들은 주로 병역거부자가 겪는 갈등 상황을 듣고 싶어 한다.

기자들이 많이 하는 질문은 크게 두 가지다. 첫 번째는 병역거부를 결심한 특별한 이유나 계기가 있는지, 다시 말해 어떤 갈등 상황이 병역거부를 결심하게 했는지를 묻는다. 두 번째는 병역거부를 한다고 했을 때 주변 사람들의 반응, 특히 부모님의 반응이 어땠는지를 꼭 묻는다. 나는 이 질문들이 마뜩하지 않다. 병역거부자들이 정말로 하고자 하는 이야기를 외면하는 질문이기 때문이고, 무엇보다 병역거부자에 대한 이 사회의 편견(병역거부자는 어딘가 이상하고 측은한 사람이며 그렇기 때문에 '정상적인' 삶에서 벗어난 선택을 했을 것이고 주변인들과도 갈등을 겪을 것이다)을 그대로 품고 있는 질문이기 때문이다. 그래도 질문에 생글생글 웃는 얼굴로 성심성의껏 대답하긴 한다. 편견을 깨려면 편견과 마주하는 것밖에 방법이 없을 때도 있다.

병역거부를 결심한 계기를 묻는 첫 번째 질문은 병역거부자들이 대체로 대답하기 어려워하는 질문이다. 대부분의 경우 병역거부의 특별한 이유나 계기가 되는 갈등 상황을 콕 집어 말할 수 없기 때문이다. 군복무 중에 받은 명령을 거부하거나, 특정한 전쟁을 인정할 수 없어서 병역거부를 하는 이들은 그나마 특별한 이유나 계기가 있는 축에 속한다. 여호와의증인 등 종교인인 경우에는 기자들이 굳이 그런 질문을 던지지도 않는다. 그 밖의 병역거부자들에게 기자들은 꼭 병역거부의 계기를 묻는데, 사실 특별한 계기가 있어서라기보다 복잡하고 혼란스러운 고민 속에서 병역거부를 결심했다가 흔들리고 다시 결심하기를 반복하는 과정을 지나고 보면 어느새 병역거부자가 되어 있는 경우가 대부분이다.

고민은 자신의 양심뿐만 아니라 부모님과 주변 사람과의 관계, 하는 일에 끼칠 영향, 출소 이후 삶에 대한 걱정까지 모든 게 복잡하게 얽히고설킨 채 지속적으로 이어진다. 마치 서서히 조금씩 물들어가는 나뭇잎을 알아차리지 못하다가 어느 날 아침 나무가 붉게 변해 있는 것을 보고선 순식간에 단풍이 들었다고 느끼는 것처럼, 병역거부라는 결심도 서서히 진행되다 한순간에 알아차리는 것이다. 따라서 병역거부를 선택한 특별한 계기나 이유를 말한다는 건 대하소설의 줄거리를 한 문장으로 요약하는 것처럼 불가능한 일이다. 나 또한 기자들의 그러한 질문을 받고 대답이 중언부언하며 길게 늘어졌고, 나중에 기사를 확인했을 때는 그 내용이 온 데간데없었다.

부모님의 반응이 어땠는지를 묻는 두 번째 질문은 병역거부자마다 다르게 느낄 것이다. 부모 자식 간의 관계가 서로 다르기 때문이다. 비슷한 점이 있다면, 대다수의 병역거부자에게 이 문제는 병역거부를 고민할 때 가장 어려운 문제이며 때로는 자신의 양심에 대한 고민보다 더 큰 비중을 둘 수밖에 없는 문제라는 점이다. 2000년대 초반 병역거부운동이 이제 막 시작되던 시기의 병역거부자들에게 부모와의 갈등은 더욱 감당하기 어려운 무게로 다가왔다. 그도 그럴 것이 그때만 하더라도 병역거부에 대한 한국 사회의 이해가 전반적으로 높지 않았다. 찬성하고 반대하고를 떠나 병역거부라는 단어조차 처음 들어보는 사람들이 많았다. 듣도 보도 못한 병역거부라는 걸 자식이 한다는데, 남들 다 가는 군대를 안 가겠다는데, 군대 대신 감옥에 제 발로 걸어가서 평생을 전과자로 살겠다는데 그걸 쉽게 받아들일 부모는 없었다. 드물게나마 병역거부운동을 지지하는 부모님도 있었지만, 그런 분들조차도 자기 자식이 감옥에 가는 걸 달가워할 수는 없는 노릇이었을 것이다.

초기 병역거부운동을 다룬 다큐멘터리 영화 〈총을 들지 않는 사람들〉을 보면, 오태양이 "어머니 너무 걱정 마세요"라고 웃는 얼굴로 말하며 재판정 문을 열고 들어가자 "내가 저걸 어떻게 키웠는데"라며 오열하는 그의 어머니가 나온다. 당시에는 그 장면과 같은 일이 비일비재했다. 착실한 아들이 군생활도 잘하고 있을 거라 철석같이 믿었던 강철민의 어머니는 그가 농성하던 기독교회관에 찾아와 복도를 뒹굴며 오열했다. 이길준의 아버지는 자식이 하나만 더 있어도 지 하고 싶은 대로 하고 살라고 놔두겠지만 저 놈 하나밖에 없는데 감옥 가는 꼴을 어떻게 보느냐고 하소연했다. 나중에야 전쟁없는세상 활동가들을 끔찍하게 챙겨주셨지만 당시에는 원망이 가득했다.

나는 운이 아주 좋은 편이었다. 다른 병역거부자들에 비하면 부모님과의 갈등이 거의 없었다. 부모님은 그래도 군대에 가는 게 어떻겠느냐고 두어 번 말씀하셨지만 출소 후 맞닥뜨릴 상황에 대한 걱정이었을 뿐 군대에 꼭 가야 한다는 강요는 하지 않으셨고, 내 결심이 확고하다는 사실을 알고 나서는 존중해주셨다. 물론 전쟁없는세상을 제대로 된 직장으로 여기지 않기는 했다. 맨날 봉사활동만 한다고 못마땅해하셨으니. 그럴 때마다 나는 "엄마 아빠 아들이 그렇게 착한 사람이 아니에요. 봉사활동 같은 거 나는 안 해. 남 돕는 거 관심

없어. 내가 좋아서 하는 내 일이에요"라고 맞섰다. 이것도 갈등이라면 갈등이겠지만, 부모님과의 극심한 갈등 때문에 결국 병역거부를 포기했던 많은 이들을 떠올려보면 갈등이라고 할 수도 없을 것이다. 내가 병역거부 운동을 지속할 수 있었던 것도 부모님이 내 병역거부를, 병역거부운동을 존중해주셨기 때문인지도 모른다. 그 덕분에 나는 내 에너지를 온전히 평화운동에 쏟을 수 있었다.

한편으로 생각해보면 병역거부를 한다는 자식을 바라보는 부모의 마음도 병역거부자들의 마음만큼이나 복잡했을 것이다. 더러는 현실적으로 좀 더 복잡한 상황이 있기도 했지만 대개의 경우 순전히 자식 걱정이었다. 남들 다 가는 군대를 가지 않아서 겪을 차별, 나쁜 놈들이 득시글거린다는 감옥에서의 생활, 출소하고 나서도 평생 호적에 빨간 줄을 지닌 채 전과자로 살아야 하는 일에 대한 걱정이었다. 나라를 지키는 군인으로 차출될 정도로 다 큰 어른이니 병역거부자들의 인생은 스스로가 알아서 걱정하고 책임지면 되는데, 부모에게는 늘 품 안의 자식이었다. 그러니 다 큰 어른의 인생에도 개입하고 싶어 하는 것 아닐까. 부모의 개입과 걱정에는 분명 가족주의나 가부장제의 흔적이 짙게 묻어있지만, 그 감정을 모두 가족주의나 가부장제의 작동만으로 설명할 수도 없다고 생각한다. 사랑하는 사람이 고통을 겪거나 힘든 일을 겪을 때 함께 아파하고 그의 삶에 좋은 영향을 미치고 싶어 하는 마음은 가부장제나 가족주의 바깥에도 존재하는 보편적인 감정이기 때문이다. 많은 병역거부자가 과하게 자신의 인생에 개입하려는 부모와 갈등하면서도 차마 외면하지 못하고 힘들어하는 건 그 마음도 이해가 되기 때문일 것이다.

피할 수 없는데 즐길 수도 없는 부모와의 갈등에 병역거부자들이 대처한 방식을 거칠게 나누어보면 크게 두 가지다. 어차피 해결할 수 없는 고통이라면 짧게 겪는 게 낫다고 생각하는 이들은 입영 날 공개적인 기자회견을 통해 병역거부를 선언하고 난 다음에야 부모님께 알리는 방식을 택했다. 이미 돌이킬 수 없는 상황이 고통의 순간을 짧게 만들어주긴 하지만 충격은 더 크다.

다른 방법은 이와 정반대다. 병역거부를 하기 전에 미리 자신의 선택에 대해 말하는 것이다. 이 방식의 결과는 부모를 설득하거나 부모에게 설득당하는 결과로 이어졌다. 그 과정에서 병역거부자들은 설득의 노하우를 서로 공유하기도 했다. 지극히 현실적인 그 노하우들은 국가인권위원회(꼭 국가인권위원회가 아니더라도 국가기관 마크가 찍힌) 서류봉투를 구해 그 봉투에 병역거부에 대한 자료를 넣어서 드린다거나, 부모님 보시기에 그럴싸한 기관에서 주최하는 병역거부 관련 토론회에 참석해 국회의원과 함께 인증샷을 찍어서 보낸다거나 하는 것들이었다. 일종의 권위를 이용하는 방식이었으니 온전하게 자신의 선택을 이해받는 건 아니었지만, 병역거부자들은 그렇게 해서라도 부모와의 갈등을 해결하고 싶어 했다.

나는 두 번째 방식을 택했다. 큰 갈등이 없었으니 적극적으로 고민하고 택한 건 아니었다. 부모님은 이미 내가 학생운동을 하며 병역거부 관련 활동을 하고 있다는 걸 알고 계셨다. 나는 대다수의 한국 남성이 그렇듯 부모님께 살갑게 내 고민을 털어놓는 편은 아니었는데 그렇다고 무얼 숨기지도 않았다. 꼼꼼하지 못한 성격상 아마 숨기려고 해도 숨길 수 없었을 것이다. 데모하고 돌아온 가방에 가득한 유인물들을 아무렇지 않게 분리수거함에 넣었으니 말이다.

병역거부를 하겠다고 직접 밝힌 것은 대학교를 졸업한 뒤였지만, 정황상 부모님은 이미 다 알고 계셨기에 크게 놀라지 않으셨다. 그러나 예상했던 덕분에 놀라진 않았더라도, 갑작스러운 통보로 충격을 받는 일은 없었더라도 자식이 감옥에 가서 마음이 아픈 건 어느 부모나 매한가지라는 사실을 깨달은 건 감옥을 출소하고 나서도 한참 뒤였다.

부모와의 관계 때문에 고민하는 병역거부자에게 나는 늘 이렇게 말한다. "부모 자식 사이 갈등은 남이

해결해줄 수 없어요. 당사자만이 방법을 알죠. 다만 제가 확실하게 말씀드릴 수 있는 건 병역거부 이후에 많은 병역거부자가 부모님과의 관계가 더 좋아졌다는 거예요."

실제로 그랬다. 이십 대 초중반의 남성이 부모님과 아주 친밀한 대화를 나누거나 자신의 삶에 대한 진지한 고민을 털어놓는 경우는 많지 않다. 병역거부자도 대부분 마찬가지다. 나 또한 대학 시절 부모님과 속 깊은 이야기를 나눈 적이 없었다. 그러다가 병역거부를 하고 감옥에 가면서야 부모님과 많은 대화를 하게 됐다. 감옥에 가기 전에는 부모님이 병역거부를 이해하실 수 있도록 하기 위해 많은 이야기를 나누었다. 감옥에 가서는 서로 편지를 많이 했는데, 부모님은 내가 감옥에 가 있는 게 안쓰러워서였고, 나는 병역거부가 떳떳한 것과는 별개로 부모님이 감옥살이에 마음 쓰게 하는 게 죄송해서였다. 마음은 힘들었지만 자연스럽게 서로를 더 이해하게 되었고, 관계도 더 좋아졌다. 출소하고 나서야 알게 된 사실인데, 내가 감옥에 가 있는 동안 아버지는 병역거부를 이해하기 위해《당신들의 대한민국》을 비롯한 박노자의 책과 글들을 찾아 읽었다고 했다.

대부분의 병역거부자는 주관이 뚜렷하고 고집이 세다. 그런 성정 때문에 병역거부를 실천할 수 있었을

지도 모른다. 그러나 때로는 바로 그런 성정 때문에 주변을 돌보지 않거나, 자신의 삶과 결정이 누구의 희생을 딛고 서 있는지 깨닫지 못하는 경우도 많다. 대표적인 게 부모님과의 관계일 것이다. 병역거부를 반대하는 부모님을 이해하고 설득하기 위해 기울이는 노력, 부모님의 가슴에 박힌 대못의 고통을 짐작하려는 노력으로 병역거부는 관계에 대한 고민을 시작하고 확장해가는 계기가 되기도 한다. 물론 모든 병역거부자가 병역을 거부하면서 부모와 갈등하거나, 무조건 관계가 좋아지는 것도 아니다. 앞서 말했듯이 사람마다 상황도, 부모와의 관계도 다르기 때문이다. 그럼에도 자신의 병역거부가 누구에게 빚을 지고 있는지, 누구의 희생 덕분에 병역거부를 할 수 있었는지를 생각하다 보면 병역거부의 경험 자체가 관계를 돌아보는 계기가 되는 경우가 많다.

출소 직후 내 친구들과 가족은 내가 많이 달라졌다는 이야기를 했다. 타인을 살피고 관계를 돌아보는 감정노동의 중요성을 깨닫고 달라지려고 노력했기 때문일 것이다. 물론 그 노력이 얼마나 길게 지속되었는지에 대해 친구들과 가족이 어떻게 생각할지, 자신은 없지만 말이다. 병역거부 후 수원구치소에 수감되어 있을 때, 한번은 부모님이 면회를 다녀간 뒤 어머니에게서 편지가 왔다. 그 편지에는 면회를 마치고 나온 아버지가 우셨다는 이야기가, 할아버지가 돌아가셨을 때도 안 울던 양반이 아들이 감옥에 있는 걸 보고는 울더라는 이야기가 쓰여 있었다. 편지를 읽으면서 설명하기 어려운 감정이 가슴 저 깊숙한 곳에서부터 터져 나와 차가운 감옥 벽에 기대어 펑펑 울었다. 독방에 수감되어 있을 때여서 참 다행이었다. 돌이켜보면 병역거부 덕분에 나는 부모님과의 관계, 친구들과의 관계를 돌아보게 되었다. 한편으로는 그 돌아봄이야말로 감옥생활의 대가, 아니 어쩌면 선물이라고 말할 수 있는 게 아닐까 생각한다.

물론 그렇다고 감옥생활이 기쁨으로 충만한 날들이었다는 말은 아니다.

병역거부자의 슬기로운(?) 감방생활

종종 대학이나 지역의 시민단체, 드물게는 중고등학교나 지방자치단체에서도 병역거부를 주제로 강연을 요청해오는 경우가 있다. 강연 장소에 따라 다양한 분들을 만나게 되는데, 당연히 저마다 궁금해하는 것도 다르다. 하지만 공통적으로 흥미를 보이는 이야기도 있다. 바로 감옥생활이다. 왜 병역거부를 했는지, 특별한 계기가 있었는지를 묻는 기자들과는 사뭇 다른 온도다. 점심시간 직후에 하는 강의는 지루하고 졸리기 마련이니, 한두 사람 꾸벅꾸벅 졸기 시작하면 나는 어김없이 감옥 이야기를 꺼내곤 한다.

"월남전 참전용사 출신이라던 아저씨는 자기보다 늦게 들어온 사람을 함부로 대했어요. 그걸 지켜보다가 욕하지 말고 말씀하시라 했더니 저한테 달려들었죠. 물론 아무 일도 안 일어났어요. 감옥에서 싸우면 징벌방에 가거든요. 조선족 밀입국 브로커 하다가 잡혀 온 아저씨는 겨울에 감기 걸린다고 씻지를 않는 거예요. 우리 방에 보름 동안 있었는데 세수나 양치도 안 해서 냄새가 너무 심했어요. 일본에서 소매치기를 하다 잡혀온 아저씨는 명품을 좋아했는데 자기 돈으로 명품 사는 걸 주변에서 뭐라 한다며 투덜댔어요. 나더러 출소하면 연락하라고, 자기가 기술 가르쳐줄 테니 일본 가서 같이 소매치기하자고 하더라고요."

　　이런 이야기를 하면 졸던 사람도 귀를 쫑긋 세우고, 나도 옛날이야기에 심취해 한참을 떠들다 정신을 차리곤 한다. 사실 많은 병역거부자가 감옥 이야기가 나오면 너도나도 말을 쏟아낸다. 〈진짜 사나이〉나 〈가짜 사나이〉처럼 군대가 배경인 예능을 볼 땐 한마디도 안 하다가 드라마 〈슬기로운 감빵생활〉을 보면서는 이건 이렇고, 저건 저렇다며 아는 척을 늘어놓는다. 군대 다녀온 남성들이 모이면 만날 서로 군대에서 축구한 이야기하고 자기가 지낸 부대가 가장 힘들고 어려웠다고 목에 핏대를 세우는 것처럼, 병역거부자들도 자기가 지낸 감옥이 가장 힘들었다며 서로 자기가 얼마나 더 고생했는지를 대결하듯 말하곤 한다. 나는 수감 중 다른 재판을 받느라 여러 교도소를 거쳤는데, 그런 대결이 벌어지면 이렇게 으스대곤 했다. "야, 너네들 고작 감옥 한두 군데 가본 걸로 어디 아는 척을 해?" 그러면 여성 활동가들은 지겨운 이야기 그만하라고 면박을 준다. 병역거부자들이 감옥 이야기만 나오면 수다스러워지는 것은 예비역들이 자신의 군생활에 의미를 부여하고 싶어 하는 것과 마찬가지로 자신의 감옥생활이 의미 있는 시간이었기를 바라기 때문일지도 모르겠다. 병역거부자라고 군복무자와 특별히 다른 사람이 아니다.

병역거부자의 수감 기간은 시대에 따라 다르다. 한국 사회 전반이 군사화된 병영국가로 거듭난 유신시대가 병역거부자에겐 가장 안 좋은 시기였다. 최소 3년은 기본이었고, 최장 7년 10개월까지 옥살이를 했다. 출소하는 병역거부자가 교도소 문을 나서기도 전에 병무청에서 다시 입영영장을 들고 와서 감옥으로 끌고 가는 일도 드물지 않았다. 지금으로선 상식적으로 불가능한 일이지만, 유신시대에는 상식적이지 않은 일이 너무나도 많았다. 억지로 훈련소에 끌고 가 총을 쥐여주고는 총 들기를 거부하면 구타를 했는데, 이때 목숨을 잃은 병역거부자가 알려진 사례만 5명이다. 이후 1980년대부터 1990년대까지는 실형 3년을 선고받고 복역했고, 병역거부운동이 시작된 2000년대 들어 사회 이슈로 등장하고 나서부터는 실형 1년 6개월을 선고받고 복역하게 되었다.

내가 구속된 날을 똑똑히 기억한다. 2006년 8월 17일, 더위가 한풀 꺾인 늦여름의 어느 금요일, 인천지방법원 부천지원에서 1심 선고공판이 열렸다. 판사는 내게 실형 1년 6개월을 선고했고 나는 법정에서 바로 구속되어 호송차를 타고 인천구치소로 갔다. 법정구속을 예상했기 때문에 당황스럽지는 않았지만 구치소로 이송되는 내내 그날 아침 세상이 무너진 것 같은 얼굴로 일하러 나가시던 엄마의 얼굴이 떠올랐다.

　사실 감옥생활에 대해 말하는 일은 굉장히 조심스럽기도 하다. 우선 병역거부자마다 경험이 굉장히 다를 텐데, 자칫 내 경험이 일반적인 경험처럼 비칠까봐 걱정되기 때문이나. 감옥생활은 언제, 어디서, 누구와 함께 겪는지에 따라 그 경험이 천차만별이다. 일상적으로는 한방에 기거하는 사람들의 성격이나 그 방의 문화에 따라 달라지기도 하고, 수감자 본인의 성격이나 정체성에 따라서도 다른 경험을 하게 된다. 또한 법무부 장관이 누구인지, 교도소장이 누구인지, 보안과장이 누구인지가 「형의 집행 및 수용자의 처우에 관한 법률」보다 우선하기도 한다. 그래서 수감자 인권을 옹호하는 인권활동가들은 수감자 처우를 개선하기 위해 해당 사항을 명확하게 법률과 시행령으로 규정하고 개선해나가는 것을 중요하게 생각한다.

　병역거부자 각자의 경험이 다르지만 분명한 공통점도 있다. 그건 바로 감옥이 사회의 축소판이라는 사실이다. 감옥 밖에서 잘나가던 사람은 감옥 안에서도 잘나가고, 감옥 밖에서 차별받고 배제되던 사람은 감옥 안에서도 차별받고 배제된다. 아주 단적인 예로, 돈이 많은 사람은 감옥 안에서도 대접받는다. 재벌 총수까지

갈 것도 없이 영치금 넉넉해서 같은 방 사람들에게 간식이라도 한 번씩 돌리는 사람은 뒤에서는 욕먹을지언정 앞에서는 "사장님, 사장님" 하고 불리며 대접받는다.

다른 사회적 편견도 감옥 안에서 그대로 작동한다. 청주교도소에 있을 때는 여호와의증인 신자들과 함께 생활했는데, 가장 어린 사람의 나이가 신체검사를 받자마자 곧바로 병역거부를 한 스무 살이었다. 도살장에서 아르바이트를 했다던 그는 키가 작고 귀여운 스타일이었다. 재소자들은 나이도 어리고 사회 경험도 없는 그를 함부로 대한 반면, 그보다 다섯 살 많고 서울대를 나온 다른 신자에게는 하나같이 깍듯하게 대했다. 감옥에 들어앉아 있는데 대학교 졸업장이 무슨 소용이냐 싶겠지만, 재소자들은 나중에 뭐라도 신세 질까 싶어 조심하는 눈치를 보였다. 감옥 안에서도 '남자다운' 사람, 돈 많은 사람, 학벌 좋은 사람, 백 있는 사람은 존중받고, '여성스러운' 사람, 영치금 없는 사람, 가방끈 짧은 사람, 면회도 편지도 없는 사람은 하대받는다. 그런 감옥 안에서 병역거부자의 위치는 좀 독특했는데, 그 안에서도 여호와의증인 병역거부자와 나 같은 정치적 병역거부자가 또 달랐다.

감옥 안에서는 형이 확정된 모든 재소자가 의무적으로 일을 해야 한다. 징역懲役의 한자 뜻을 풀어보면 '일을 시켜役 벌을 준다懲'는 뜻이다. 재소자가 하는 여러 일 가운데 교도소가 운영되는 데 꼭 필요한 일을 하는 곳으로 관용부(운영지원부)가 있다. 관용부가 하는 일은 취사장과 교도소 청소, 영치(물품과 금전 관리), 총무(서신과 도서 관리) 등이다. 관용부 일은 교도관들의 사무 공간에서 이루어지는 경우가 많아 비교적 업무 환경이 좋다. 쉽게 말하면 여름엔 에어컨과 얼음물이 있고, 겨울엔 온수를 마음껏 쓸 수 있다.

당연히 재소자들은 다들 관용부를 하고 싶어 하지만, 하고 싶다고 할 수 있는 건 아니다. 관용부는 교도관들이 책상에 아무렇게나 올려놓는 담배, 칼, 가위 등 교도소 내 금지물품을 쉽게 접할 수 있으므로, 교도관들은 그런 것들을 가져가지 않을 만한 사람만 관용부로 일하도록 했다. 그러다 보니 거짓말 안 하고 딴짓 안 하는 여호와의증인 신자들이 관용부 일을 도맡아 하게 되었다. 이에 따라 여호와의증인 신자는 한편으로는 모두가 원하는 관용부를 독점한다는 이유로 재소자들의 부러움과 시기를 사고, 다른 한편으로는 저항하거나 대들지 않고 나이도 어리다는 이유로 재소자들이 마구 대하는 존재이기도 했다.

나를 포함한 정치적 병역거부자들은 여호와의증인 병역거부자와 정치범 사이 어정쩡한 중간에 위치했다. 정치범은 다른 재소자를 물들인다고 일을 시키지 않는 경우가 많았는데, 그럼에도 정치적 병역거부자에게 일을 시킬 때는 주로 여호와의증인처럼 관용부 일을 시켰다. 하지만 다른 재소자나 교도관이 정치적 병역거부자를 대하는 태도는 여호와의증인 신자를 대할 때와 달랐다. 양심적 병역거부자는 대체로 편지도 면회도 많은 편인데, 감옥 안에서는 편지나 면회가 많이 오는 것도 권력으로 작용하기 때문이다. 이는 민주화실천가족운동협의회(민가협)나 천주교인권위원회처럼 수감자 인권운동으로 감옥 안에서도 유명한 단체들이 보내주는 우편물들 덕분이기도 했다. 또한 정치적 병역거부자들은 대체로 고학력에 학벌도 좋은 편이다. 군산교도소에서는 처음에 취사장에서 일했는데, 함께 일한 45명 가운데 대학교를 나온 사람은 3명이었다. 그중 2명이 나와 내 친구인 정치적 병역거부자였고 우리가 나온 대학교는 서울에 있는 4년제였다. 우리는 취사장 일이 서투른 만큼 실수도 잦았지만, 저지른 실수에 비해 과한 갈굼을 당하지는 않았다. 반면 대학교를 나오지 않았거나 나이가 어린 재소자 등 다른 재소자들이 만만하게 보는 이들은 조그만 실수에도 엄청난 욕을 먹곤 했다.

감옥에서 이루어지는 돌봄노동의 성격 또한 살펴볼 만한 점이 있다. 병역거부자 현민은 자신의 감옥생활을 바탕으로 쓴 책 《감옥의 몽상》(돌베개, 2018)에서 감옥에서의 노동이 어떻게 성별화되어 있는지 탁월하게 분석했다. 그의 분석에 따르면 인간이 살아가는 데 필요한 돌봄노동은 감옥이 유지되기 위해서도 필수적인데, 이 돌봄노동은 대부분 여성화되어 있다. 이에 따라 돌봄노동이 감옥 안에서 필수적임에도 남성성을 훼손하는 것으로 인식되며 남성 교도관과 남성 재소자 모두가 그 노동을 피하고자 한다는 것이다. 현민은 재소자들이 기거하는 수용동에서 창살에 갇힌 재소자에게 온갖 물품과 식사, 약품을 선달하는 '소시(수용동 정소부)'의 역할에 주목한다. 교도관이 재소자를 돌보는 것은 재소자의 비서(여성화)가 되어 곤란하고, 재소자 또한 보살핌을 받는 무력한 대상(유아화)이 되는 것은 남성성을 훼손당해서 곤란한 일인데, 관용부의 역할 중 하나인 소지가 이 곤란함을 해소한다는 것이다. 소지를 통해 교도관과 재소자는 각자 자신의 남성성을 훼손하지 않은 채 필수적인 돌봄노동을 활용할 수 있게 된다. 이런 소지 업무는 재소자들도 교도관들도 편히 부려야 하니 주로 나이 어린 남성이 맡고, 여호와의증인 병역거부자가 하는 경우도 많다.

한편 감옥에선 누구라도 속절없는 고립감과 외로움에 마음이 다치기도 하고, 큰대자로 누워 스트레칭 한번 마음껏 할 수 없는 좁아터진 실내 공간에서의 생활과 부실한 영양 상태로 몸이 상하기도 한다. 몸의 고통이 마음의 통증으로 이어지고, 마음의 통증이 몸의 고통으로 나타나기도 한다. 재소자들에게는 고된 업무로 목 디스크에 걸리거나, 추운 겨울날에도 난방이 되지 않는 방바닥에서 자다가 구안와사에 걸리거나, 제대로 된 방한용품이 없어서 손발 끝에 동상이 걸리는 것도 특별한 일이 아니었다. 이는 병역거부자들도 마찬가지다. 만약 채식을 한다면 건강을 챙기는 일은 더욱 어려워진다. 내 경우에는 수원구치소에 있을 때 허구한 날 코피가 흘렀다. 의무과에 갔더니 의사는 실현 불가능한 처방을 내렸다. "수원구치소 구조가 아파트형인데다 창문이 작아서 환기와 통풍이 안 좋습니다. 출소를 하거나 이감을 가셔야 합니다." 출소나 이감은 아무리 원해도 내 의지로 할 수 있는 게 아니었다.

병역거부자들이 겪는 감옥생활이 그저 버티거나 시간을 보내면 되는 그런 생활은 아니라는 점을 말하고 싶었다. 운이 좋아도, 상대적으로 덜 힘들다고 해도 감옥은 감옥이다. 그 속절없는 고립감과 외로움은 다시는 겪고 싶지 않다. 모든 병역거부자에게 꽤나 강렬한 경험이기에 감옥생활은 다양한 방식으로 흔적을 남기며 출소 이후의 삶에도 영향을 미친다. 전과자가 되어 직업 선택의 폭이 줄어드는 것과 같은 일은 차라리 예상 가능한 일이고, 어쩌면 부차적인 문제다.

그보다 중요한 문제는 감옥생활을 거치며 몸과 마음이 무너져버리고, 때로는 그 흔적이 상처로 남아 쉽게 아물지 않는다는 것이다. 그 상처가 너무 커서 출소

후 전쟁없는세상과 연락을 끊고 지내는 병역거부자도 있다. 그들의 병역거부를 내가 대신할 수 없었던 것처럼, 그들의 상처를 내가 치유할 수도 없다. 부디 병역거부자들의 몸과 마음에 남은 징역살이라는 흔적이, 그때 받은 상처의 흉터가 시간이 지날수록 자연스럽고 아름다운 빛깔을 띠기를 바랄 뿐이다.

감옥 이야기는 아무래도 어두운 이야기로 흐르기 마련이지만, 그렇다고 병역거부자의 감옥생활을 불쌍하게만 볼 일도 아니다. 나는 단 한순간도 내 처지가 불쌍하다고 여긴 적은 없었다. 병역거부는 스스로 생각하고 판단해서 행동한 것이었고, 따라서 어떤 일을 겪을지 알면서도 이 길을 선택한 저항자라고 생각했다. 자기 몫의 삶을 사는 이들을 불쌍하게 여기는 건 무례이고 무지다.

게다가 감옥 안에서 자신이 불이익을 당할 수 있다는 걸 알면서도 재소자들의 처우를 개선하기 위해 다양한 노력을 기울인 병역거부자들도 있다. 감옥 내 채식권에 대한 국가인권위원회의 권고를 이끌어내고, 관행적으로 여러 서류에 개인의 신체정보가 담긴 지장을 찍게 하던 것에 문제를 제기하며 서명으로 바꾼 일은 모두 감옥생활을 겪은 병역거부자들이 만들어낸 변화다. 물론 병역거부자들만의 노력은 아니고, 감옥 밖 여러 인권활동가의 조력과 노력이 함께 힘을 모은 결과다.

　누군가에게는 지독한 트라우마, 누군가에겐 지나고 나면 아무것도 아닌 일. 각자의 온도에 따라 천차만별로 다르게 기억될 감옥생활에 대해 더 많은 병역거부자가 솔직한 이야기를 들려주면 좋겠다. 병역거부를 누구도 대신해줄 수 없었듯 감옥생활에 대한 이야기도 스스로 하는 수밖에 없다. 감옥에서 겪은 일들을 과장이나 냉소 없이 바라보고 이야기할 수 있을 때, 비로소 몸뿐만 아니라 마음도 감옥에서 나올 수 있는 것 아닐까. 또한 고립감으로 외로웠던 수감생활의 의미도 새롭게 발견할 수 있을지 모른다.

병역거부를 포기한다는 것

태어나서 이런 운동 단체는 처음 봤다. '전쟁없는 세상'에 가서 병역거부를 하고 싶다고 말해도 환영받지 못한다. "대체 왜 그래요. 다시 한번 생각해봐요"라는 핀잔을 듣는다(여기에는 감옥행이라는 현실적 고려가 작동하고 있다).

—현민, 《감옥의 몽상》, 321쪽.

먼저 약간의 오해를 풀자면 전쟁없는세상 활동가들은 병역거부를 하겠다고 찾아오는 사람을 늘 기다리고 있으며 환영한다. 물론 다시 한번 생각해보라고 말하는 것도 사실이다. 환영하면서도 다시 한번 신중하게 고려할 것을 요청하는 데는 이유가 있다. 몇 번의 경험을 통해 병역거부가 한 사람의 삶에 지우는 무게를 우리가 나눠 질 수 없다고 절감했기 때문이다.

초창기 병역거부자들 중에는 나와 같은 학생운동 단체 출신이 많았다. 우리는 입영영장이 나오기 전에 예비 병역거부선언을 했다. 2002년 9월, 학생운동 단체 선배였던 나동혁이 병무청 앞에서 병역거부선언 기자회견을 할 때, 나중에 입영영장이 나오면 우리도 병역거부를 할 것이라고 나를 비롯한 10여 명의 대학생이 미리 병역거부선언을 한 것이다. 이들 중 많은 수가 실제로 병역거부를 했지만, 하지 못한 사람도 있었다. 결과적으로 자신의 말을 번복하게 된 사람들은 선언을 지키지 못했다는 일로 마음에 커다란 상처를 입기도 했다.

예비 병역거부선언은 아직 군대에 가지 않은 입영대상자 남성들이 병역거부를 적극 고민하게 만드는 계기가 되었다는 점에서 성공적이었지만, 그 과정에서 예비 병역거부선언을 한 개개인이 짊어질 무게를 섬세하게 살피지 못했다는 데서 여러 사람에게 상처를 남겼다. 당시 나는, 그리고 다른 동료들도 '양심'에 대한 고민이 깊지 않았고 따라서 그 무게를 제대로 가늠하지도 못했다. 조직이나 단체가 책임져줄 수 없으며 오롯이 병역거부자 개인이 감당해야 할 몫이 있다는 것, 양심을 따르는 개인의 삶이 짊어질 무게에 대해서 신중하게 고민하며 활동해야 한다는 걸 그때 배웠다.

그와 비슷한 경험은 전쟁없는세상 활동 초기에도 반복되었다. 병역거부를 하겠다고 찾아오는 이들 중 많은 이들이 여러 고민 끝에 병역거부를 중간에 포기했다. 병역거부를 결심하고 공개적으로 선언한 뒤, 또는 병역거부를 하고 재판을 받는 도중에 포기하는 이들도 있었다. 생각보다 거센 가족과의 갈등, 혹은 직접 경험하게 된 감옥의 끔찍함(2000년대 중반까지만 해도 병역거부자는 구속된 상태에서 재판을 받았다. 병역거부는 당사자가 스스로 소견서를 써서 공개적인 기자회견을 통해 발표하고 병무청에도 소견서를 제출하는 등 증거인멸이나 도주 우려가 전혀 없음에도 재판부는 항상 구속수사를 했다) 등 포기하는 이유는 다양했다. 그 모습을 옆에서 지켜본바, 병역거부를 고민하다가 비교적 초기에 포기하는 사람보다 외부에 병역거부 사실을 알리고 난 뒤 마주하게 된 여러 상황 앞에서 결국 포기를 선택하는 이들이 더 힘들어했다. 병역거부 사실을 외부에 알리고 나면 그때부터는 병역거부가 한 개인의 문제인 동시에 사회적인 의미를 갖게 되는데, 그렇게 되면 당연히 포기 또한 개인적인 행동인 동시에 사회적인 행동이 된다. 그 때문에 병역거부 사실을 외부로 알리고 난 뒤에 포기하는 것은 한 사람이 짊어져야 할 마음의 짐이 훨씬 더 무거워지는 것을 뜻할 수밖에 없다.

중간에 포기하며 너무나 힘들어하는 사람들을 거듭 마주하게 되면서 나와 전쟁없는세상 동료들은 병역거부를 고민하는 사람을 더더욱 조심스럽고 신중하게 상담할 수밖에 없었다. 병역거부를 선언하고, 감옥에 갇히고, 출소 후에는 전과자로 살아가야 하는 그 모든 일은 결국 온전히 개인이 감당할 수밖에 없는데, 이를 결코 가볍게 여기면 안 된다는 사실을 상담 내내 강조해야만 했던 것이다. 다시 한번 충분히 고민하고 신중하게 선택하라는 말은 그 때문이었다. 그렇다 해도 상담을 받는 입장에서는 병역거부운동을 하는 단체가 오히려 병역거부를 말리는 것처럼 보이니 황당하기도 했을 것이다. 그간 많은 이들이 전쟁없는세상을 찾아왔고, 우리의 만류(?)에도 병역거부를 하는 사람은 점점 더 늘어났지만, 사실 상담 후 병역거부를 포기한 사람이 훨씬 더 많다. 그리고 그건 어쩌면 다행인 일이다.

왜 어떤 이들은 고민 끝에 포기하지 않고, 어떤 이들은 포기했을까? 병역거부를 포기한 이들의 공통점을 찾긴 어렵다. 대개 병역거부를 포기하면 더 이상 전쟁없는세상을 찾아오지 않기도 하고, 전쟁없는세상과 계속 연결되어 있다고 하더라도 왜 포기했는지를 물어보기는 어려운 일이다. 병역거부를 포기한 이들도 다른 병역거부자를 대하면서 어딘가 미안해하는 기색을 보인다.

병역거부를 포기해야만 했던 이들의 공통적인 이유는 찾기 어렵지만 반대로 병역거부를 포기하지 않은 이들의 공통점은 쉽게 발견할 수 있었다. 가장 큰 공통점은 그들이 자신을 지지하는 저마다의 그룹에 속해 있었다는 것이다. 여호와의증인은 말할 것도 없고, 여호와의증인이 아닌 병역거부자들도 서로 같은 그룹에 속한 경우가 많았다. 2005년 가톨릭 신자 중 최초로 병역거부를 한 고동주와 2009년 가톨릭 신자 중 두 번째로 병역거부를 한 백승덕은 서울가톨릭대학생연합회에서 함께 활동한 사이였고, 2002년 병역거부를 한 나동혁, 2004년 병역거부를 한 임재성과 2005년 병역거부를 한 나는 같은 학생운동 단체 출신이었나.

함께 활동했던 친구들의 지지는 내가 병역거부를 결심하는 데 무엇보다 큰 힘이 됐다. 그와 관련해 한 가지 떠오르는 장면은 2002년 가을 어느 날인데, 그날은 서울대학교에서 병역거부 관련 문화제가 열린 날이었고 나는 당시 함께 학생운동을 하던 동료들과 그곳에 갔다. 그 문화제가 끝난 뒤 한 친구가 해주었던 말이 아직도 잊히지 않는다. "용석이 감옥에 보낼 거냐, 우리가 열심히 활동해서 감옥 안 가게 하자." 사실 대단한 이야기도 아니고, 의례적으로 사기를 북돋워주려고 한 말일 수도 있지만, 친구의 목소리에서 느껴진 진심에 울컥했던 감정은 지금도 똑똑히 기억할 정도로 강렬하게 남아 있다. 내가 병역거부를 할 수 있었던 데는 그 한마디의 힘도 컸다.

한 그룹에서 꾸준히 병역거부자의 등장이 이어졌던 이유는 병역거부자를 실제로 만나는 경험이 불러일으키는 감각 때문이리라고 추측한다. 2000년대 초반에도 병역거부는 한국 사회에서 뜨거운 이슈였기 때문에 정보라면 언론이나 책을 통해서도 얼마든지 얻을 수 있었다. 하지만 책이나 뉴스에서 보는 것과 병역거부자의 얼굴을 실제로 마주하는 감각은 생각보다 차이가 크다. 정보로만 접한 병역거부와 언론을 통해서만 마주하는 병역거부자의 얼굴은 내 삶과 가깝게 연결되기 어렵지만, 실제로 만나거나 생생한 목소리로 접하는 병역거부자는 내 삶에 훨씬 더 직접적으로 질문을 던지기 때문이다. 입대를 앞둔 남성이라면 더더욱 그 질문이 자신의 병역거부와 연결되기 마련이다. 물론 주변에 먼저 병역거부를 한 이가 없다고 해서 병역거부를 못 하는 건 아니지만, 병역거부자를 직접 마주했던 사람이 병역거부를 고민하는 기회를 더 많이 가질 수 있었을 거라는 사실은 부정하기 어렵다. 주변에서 누군가의 병역거부를 직접 보았거나, 병역거부를 상의할 수 있고 지지받을 수 있는 그룹이 존재한다는 건 한 개인이 병역거부를 하는 데 필수적인 조건은 아니어도 꽤나 큰 영향을 미치는 요인이 된다.

그러한 면에서 전쟁없는세상의 존재도 분명 의미가 있었다. 병역거부자들은 특히 전쟁없는세상을 통해 또 다른 병역거부자들을 만나고 서로의 존재를 확인할 수 있는데, 앞서 말했던 것과 같은 이유로 이는 무척 중요하다. 병역에 대한 고민으로 고립된 사람들은 세상에서 자기만 이상하고 유별나다고 느끼기 마련이다. '정상성'에서 벗어나 있다고 여겨지는 수많은 다른 소수자들처럼 말이다. 전쟁없는세상은 병역거부자들에게 자신과 같은 다른 사람들이 있다는 사실을 알게 해주는 곳이었고, 서로의 존재가 서로에게 따뜻한 안도감을 주는 곳이었다. 어쩌면 전쟁없는세상을 찾아온 병역거부자들은 상담으로 알게 되는 각종 정보보다도 자신이 혼자가 아니라는 안도감에서 더 큰 힘을 얻었을지도 모르겠다.

전쟁없는세상을 찾아오지 않은 병역거부자들도 알고 보면 교회나 다른 사회단체 등 다양한 그룹에 속해 있는 경우가 많다. 그 집단 안에서 나름으로 병역거부를 고민하고 실행하는 과정을 풀어나가는 것이다. 또한 그 그룹들은 당장 앞서 병역거부를 한 사람이 없다고 하더라도 대다수의 구성원이 병역거부운동을 지지하는 경우가 많았다. 병역거부에 대한 고민을 안전하게 털어놓을 수 있고, 병역거부라는 선택을 지지받을 수 있을 거라는 확신을 주는 공동체의 존재는 병역거부자가 온전히 자신의 양심에 집중할 수 있는 환경을 만들어준다. 겁쟁이, 비겁자, 안보의 무임승차자라는 비난에 노출되어 있는 병역거부자에게 이는 굉장한 힘이 되며, 여러 어려움에도 불구하고 끝내 병역거부를 실천할 수 있는 중요한 동력이 된다.

한 사람이 병역거부를 하는 데는 스스로가 짊어져야 하는 몫을 온전히 감당해내는 것도 중요하지만, 그것만으로는 결코 충분하지 않다. 누구도 해결해줄 수 없고 스스로 감당해야만 하는 몫만큼이나 다른 이들이 감당해줘야 하는 몫도 상당하기 때문이다. 영치금 같은 금전적 지원부터 병역거부에 대한 고민을 나누거나 감옥생활에서 마주하는 고립감에 맞서 혼자가 아니라는 감각을 지속적으로 확인시켜줄 수 있는 정서적 지원까지, 이런 것들이 없다면 아무리 단단한 신념을 가진 사람이라도 병역거부를 지속하기 어렵다. 다시 말해 함께 병역거부를 실천해가는 커뮤니티가 필요하다. 그 커뮤니티는 가족일 수도, 친구일 수도, 동료일 수도 있다.

그러나 커뮤니티의 부재가 반드시 포기로 이어지지만은 않는다. 든든한 커뮤니티가 있었어도 병역거부를 포기한 사람이 있고, 커뮤니티 없이도 오롯이 홀로 감옥생활을 견뎌낸 사람도 있다. 다만 나는 기어이 병역을 거부한 사람들의 마음만큼이나 병역거부를 포기한 사람들의 마음이 궁금하다. 그들은 왜 포기할 수밖에 없었고, 그 과정은 어떤 상처를 남겼는지. 전쟁없는 세상이, 활동가로서 내가 무엇을 더 할 수 있을지 말이다. 아마도 당사자가 쉽게 꺼내기 어려운 이야기이겠지만, 상처로 남은 그 흔적에서 지난날 우리가 미처 보지 못하고 지나쳐온 것들을 발견할 수 있지 않을까?

병역을 거부할 수 있는 사람이 따로 있을까?

"병역거부운동은 쁘띠 부르주아의 운동이디."

어느 사회단체 간부가 했다는 이 말을 전해들었다. 고등학교를 막 졸업하고 공장에 취직한 젊은 남성 노동자가 과연 병역거부를 할 수 있겠느냐는 지극히 현실적인 맥락에서 나온 말이었지만 나는 그만 피식 새어 나오는 웃음을 참지 못했다. 말 때문이 아니라 그 사람의 위치 때문이었는데, 그가 속한 단체 역시 굉장히 쁘띠 부르주아적이었기 때문이다. 제 눈의 들보는 보지 못하는 통찰이 안타깝긴 했지만 말 자체만 놓고 보자면 아주 틀린 말도 아니었다. 실제로 세계 여러 곳에서 병역거부자는 중산계급에 고학력자인 경우가 많다.*

~~~~~~

*   한국의 경우는 고학력자 비율이 그리 높지 않다. 이는
     병역거부자의 대다수를 차지하는 여호와의증인 신자들이
     검정고시를 선택하는 것과 관련되어 있다. 특히 과거
     여호와의증인 신자는 검정고시를 본 사람이 많은데, 국기에 대한
     경례를 강요했던 학교를 거부하고 자퇴한 경우가 많기 때문이다.
     이는 자연스럽게 대학교 진학률 감소로도 이어졌다.

역사상 가장 많은 병역거부자가 등장한 베트남전쟁 시기에도 백인 대학생들은 전쟁을 반대하며 병역거부를 한 반면, 흑인 등 '유색인' 노동자들은 일단 입대한 뒤 베트남에 파병되어 전쟁의 본모습을 겪고 탈영하는 방식으로 병역거부자가 되는 일이 많았다. 이런 차이에는 기본적으로 인종 간 계급 격차는 물론이고 소득 격차와 교육 격차라는 요인이 작용했다. 아무래도 고등교육을 받은 사람이 책이나 주변인들을 통해 병역거부를 접할 기회가 많은데, 소득에 따른 교육 격차가 큰 사회일수록 가난한 사람은 병역거부자를 만날 기회나 병역거부에 대한 정보를 얻을 기회도 상대적으로 부족한 경향을 보인다. 또한 병역거부의 양심을 증명하는 일은 기본적으로 고학력자에게 유리하다. 추상적인 자신의 양심을 논리적인 언어로 설명하는 일은 결코 쉽지 않으며 자신의 생각과 주장을 논리적인 언어로 펼치는 훈련을 받은 사람이 유리할 수밖에 없다. 나아가 병역거부로 전과자가 되어도 먹고사는 일을 걱정하지 않을 수 있는 경제적·사회적 기반이 있는 사람이 그렇지 못한 사람에 비해 병역거부를 결심하기 쉽다. 적은 소득으로 식구를 부양해야 하는 상황이라면 제아무리 강한 평화주의 신념을 지녔다 해도 병역을 거부하고 감옥에 다녀오기는 어렵다. 이런 이유로 많은 나라에서 중산계급 이상의 고학력자가 병역거부자의 다수를 차지하는 경우가 많다.

　이런 문제는 나와 전쟁없는세상 동료들에게 고민거리를 안겨줬다. 가뜩이나 병역거부운동은 태생적으로 병역거부자 남성만 '영웅'으로 부각되고 여성 활동가는 병역거부자를 지지하고 후원하는 '조력자'로 여겨지기 쉽다는 약점을 가지고 있는데, 거기에 더해 경제적 배경과 학력 격차까지 당연한 일이 뇌어버릴 경우 병역거부는 남성 엘리트 중심의 이야기가 될 수밖에 없다. 남성 엘리트 중심의 사회운동은 필연적으로 불평등이나 차별에 둔감하고 자신이 누리는 특권을 인지하거나 성찰하기가 쉽지 않다. 이는 평화주의자들이 바라는 병역거부운동의 모습이 아니었다.

　실제로 한국의 병역거부자 구성도 외국과 별반 다르지 않았다. 여호와의증인을 제외한다면 오태양의 병역거부선언 이후 등장한 병역거부자는 대학입시에서 상위권을 차지하는 대학 출신이 그렇지 않은 병역거부자보다 많다. 외국과 마찬가지로 고학력자와 좋은 학벌을 가진 이들이 병역거부에 대한 정보를 얻기가 더 용이한 측면도 작용했을 거고, 출소 이후의 돈벌이에 대한 문제도 비슷하게 영향을 미쳤을 것이다. 실제로 병역거부를 상담하러 오는 사람들 중에는 출소 이후의 경제활동이나 먹고사는 문제를 고민하는 사람들이 많지만, 소위 명문대 출신인 사람들은 학벌과 학연을 이용해 비교적 먹고사는 문제를 해결할 수 있는 길이 좀 더 다양하므로 전과자가 되는 걸 상대적으로 덜 두려워하는 경향이 있다.

앞서 병역거부를 지지하고 여러 측면에서 지원하는 커뮤니티의 중요성에 대해 말했는데, 그런 측면에서도 명문대 출신은 좀 더 유리한 경향이 있다. 한국의 학생운동이 학벌주의 사회라는 맥락 속에서 명문대 중심이라는 비판을 받곤 하는데, 이는 병역거부와도 연결된다. 오태양의 병역거부선언 이후 등장한 병역거부자는 대체로 좋은 대학 출신으로 학생운동 단체에 속해 있거나, 그 연장선에서 사회운동 단체의 활동가였다. 오태양은 불교 신자이면서 북한 어린이 돕기 운동을 펼쳐온 평화운동가였고, 이후 등장한 유호근, 나동혁도 각각 통일운동을 하는 학생운동 단체와 마르크스레닌주의 학생운동 단체의 활동가였다. 나 또한 이런 범주에 정확히 부합하는 경우였으니, 이 문제는 병역거부운동의 고민거리인 동시에 나에게는 개인적인 고민이기도 했다.

이처럼 한국 병역거부자들의 존재적 위치 또한 병역거부운동이 걸어온 역사가 보여준 한계 속에 놓여 있었다. 우리는 이 문제를 인지하고 극복하기 위해 노력했다. 쁘띠 부르주아만의 운동이 되어서는 안 되지만 그렇다고 쁘띠 부르주아는 병역을 거부하지 못하게 말릴 수도 없는 노릇이다. 따라서 이 문제를 고민하는 노력의 방향은 다양한 사람이 다양한 이유로 병역거부를 할 수 있도록 그러한 병역거부의 목소리를 더욱 적극적으로 드러내는 방향으로 초점이 맞춰졌다. 전형적이지 않은 병역거부의 사례를 알리는 것과 새로운 병역거부의 언어를 찾아내려고 애쓴 것은 그런 노력의 일환이었다.

그렇게 드러난 목소리의 주인공은 다음과 같은 이들이다. 낫질을 배워야지 왜 사람 죽이는 총질을 배우냐며 병역을 거부한 농부, 사회에서 요구하는 남성의 역할과 불화하며 나약함으로 치부되는 자기 안의 여성성을 긍정하는 페미니스트, 폭력이 만연한 군대의 시스템과 문화를 두려워하는 예술가, 예수그리스도의 삶을 따르려 노력하는 기독교 신자와 가톨릭 신자, 동물에게 가해지는 사회의 폭력을 반대하며 그 연장선에서 병역을 거부하는 동물권활동가, 그리고 과거에는 아마도 '병역기피'라고 불렸을, 논리적인 언어로 병역거부의 이유를 설명하지는 못하지만 감옥에 갈지언정 군대는 갈 수 없다고 외치는 병역거부자까지.

병역거부자의 모습은 분명 다양하게 확장되어왔다. 그리고 이들은 병역거부로 수감생활을 하고 출소한 이후에도 사회의 다양한 영역에서 각자의 삶을 일궈가고 있다. 단체 활동가와 연구자의 비율이 높긴 하지만 의사, 농부, 물류노동자, 연극연출가, 학원강사, 변호사, 프로그래머, 영화감독, 배달라이더, 바리스타, 사회적 기업가 등 정말이지 다양한 길을 각자의 자리에서 걸어가고 있다.

이런 확장은 병역거부자들의 다양한 양심에 주목하고, 새롭게 병역거부를 준비하는 이들과 함께 병역거부선언을 만들어가며 각각의 병역거부에 사회적인 의미를 부여하려는 노력 덕분이기도 했지만, 한편으로는 너무나 자연스러운 과정이기도 했다. 병역거부는 기본적으로 개인의 양심에 기반한 실천이기 때문이다. 과거의 사회운동은 구성원들 간의 동질성을 바탕으로 강력한 힘을 발휘하는 반면 동질적이지 않은 사람들에게 배타적인 면이 있었고, 그 때문에 새로운 집단이나 새로운 정체성을 가진 이들이 사회운동으로 유입되기 어려운 문제가 있었다. 그에 비해 병역거부운동은 동질성을 바탕으로 한 조직의 목표보다 개개인의 양심이 중요한 사회운동이었다. 자신의 양심과 조직의 방침이 어긋날 때 기꺼이 자신의 양심을 택하는 이들이 병역거부를 하기 때문이다.

이러한 성격 때문인지 병역거부운동은 과거 사회운동의 영역에 속하지 않았던 이들도 함께할 수 있었고, 사회운동의 틀 안에서도 자신의 양심을 진지하게 살펴보는 이들이 새로운 병역거부의 언어를 발화하며 자연스럽게 등장할 수 있었다. 그러한 이들이 소수이고 조직화되어 있지 않아 당장의 변화를 이끌어내지는 못하더라도, 새로운 언어와 존재는 늘 그렇듯 이후의 사람들에게 새로운 선택지를 열어준다. 새로운 언어로 병역을 거부하는 사람의 등장은 그것과는 또 다른 새로운 언어로 병역을 거부하는 이들이 결심할 수 있도록 용기를 북돋워주었던 것이다.

물론 병역거부운동의 한계는 여전히 남아 있다. 병역거부운동은 지금도 병역을 거부한 남성들이 이끌어간다고 인식되기 쉽고, 과거에 비해 다양성이 늘었다 하더라도 여호와의증인을 제외하면 아직까지 중산계급 고학력자의 비율이 높다. 어쩌면 이 문제는 애초에 완전하게 극복하기 어려운 문제일지도 모른다. 다시 말해 다른 질적인 상태에 도달할 수 있는 성질의 문제가 아닐지도 모른다. 단순히 비율이 달라진다고 해서 극복할 수 있는 문제가 아닐 수도 있다.

한계를 극복하는 일이란 저 멀리 도달해야 할 어떤 상태가 있는 게 아니라, 그저 지속적으로 노력하는 과정으로서만 존재할 뿐이라는 생각을 해본다. 계급과 학력, 젠더의 격차를 줄이려는 노력은 당연히 중요하고 필요하다. 그러나 각각의 문제를 개별적으로 접근해서 어떤 성취를 이뤄내더라도 병역거부운동은 또 다른 형태의 내부 기득권을 발견하고 직면하게 될 것이다. 예를 들어 징집 인구의 감소와 더불어 이주민의 군복무가 늘어나게 되면, 병역거부운동은 병역거부자의 인종과 국적이라는 기득권을 새롭게 마주할 가능성이 높다. 사회가 복잡해질수록 권력의 작동도 복잡해진다는 점을 고려하면 아직 깨닫지 못한 사회적 권력을 이미 우리가 누리고 있는지도 모른다.

병역거부자가 되는 데, 병역거부운동을 하는 데 자격 따윈 없다. 누구나 병역거부자가 될 수 있다. 하지만 이 당연한 선언적 언설과 별개로, 병역거부자들의 어떤 공통점은 현실의 사회구조적인 문제들과 분명 연결되어 있다.

실패가 길이 되려면

가석방 출소를 한 날 앞두고 있던 2007년 9월의 일이다. 그날은 아주 기쁜 소식이 들려왔다. 노무현 정부가 드디어 대체복무제도를 도입하기로 했다는 것이다. 당시 국방부는 알츠하이머 노인이나 중증 장애인을 돌보는 사회복지 영역의 대체복무를 2009년 3월부터 시행하겠다고 밝혔다. 정부에서 대체복무제 도입을 준비하고 있고 머지않아 공식적으로 발표할 거라는 소식은 전쟁없는세상 친구들이 보내준 편지로 알고 있었는데, 그 발표가 출소보다 빠를 거라고는 생각하지 못했다. 알고도 기쁜 일이란 이런 걸까. 앞으로 병역거부를 할 사람들은 나처럼 감옥살이를 하지 않아도 된다고 생각하니 이보다 큰 출소 선물이 없을 것 같았다.

한편으론 그래도 약간의 불안감이 있었다. 정책을 추진해가야 할 노무현 정부의 임기가 몇 달 남지 않은 시기였고, 당시 민주당의 지지율은 바닥이었기 때문에 다가오는 대통령 선거에서 정권이 교체될 가능성이 매우 높았다. 인권과 평화에 관심도 책임감도 없는 이명박이 당선된다면 대체복무제는 시행되기도 전에 좌초할 수 있었다. 아마 다들 나와 비슷한 걱정을 했을 텐데, 말로 꺼내면 실제로 그리될까봐 마음속으로만 불안을 꾹꾹 눌러 담는 듯했다.

이미 알고 있듯 그해 연말 대선 결과는 이명박 후보의 당선이었다. 가석방 기간에는 투표권이 없기 때문에 나는 투표를 못했지만(2016년부터는 법이 바뀌어 가석방자와 실형 1년 미만의 재소자는 투표할 수 있다) 투표했더라도 결과는 마찬가지였을 것이다. 취임 첫해인 2008년 한 해 동안 이명박 정부의 병무청은 대체복무제에 대한 연구용역사업을 시행했다. 당초 그 사업은 다른 나라의 사례를 두루 살펴보고 한국의 상황에 맞는 대체복무제 도입을 준비하기 위한 연구였는데, 이명박 정부는 연구내용 중 병역거부에 대해 부정적으로 나타난 여론조사 결과 하나만 부각하며 대체복무제 도입을 전면 백지화했다. 사회적 합의가 되지 않았으므로 시기상조라는 이유를 댔지만 핑계에 불과했다. 예상은 했지만, 막대한 세금을 들여서 진행한 연구보고서의 딱 한 줄을 가지고 도입 자체를 뒤엎는다는 건 충격적이었다. 날짜도 또렷이 기억난다. 2008년 12월 24일, 최악의 크리스마스 선물이었다.

충격은 생각보다 크고 오래갔다. 처음부터 기대가 없던 것에 대해서는 상실감도 없지만 거의 눈앞에 두었던 것을 잃게 되니 털어버리기가 어려웠다. 잠깐 가졌다가 없어지거나 거의 다 손에 잡았다가 놓친 것은 처음부터 없었던 것보다 상실감도 더 크고 아픈 모양이다. 그런 상실감을 동료들도 모두 겪고 있었다. 대체복무제 시행 문턱까지 갔다가 후퇴하고 나니, 활동가들은 이제 무엇을 더 해야 할지 모르는 상태였다. 그동안 할 수 있는 건 이미 다 해본 상황이었다. 청와대와 국방부를 압박하고 설득했고, 국회의원들을 모아 대체복무제 법안을 꾸준히 제안하고 토론하며 입법의 필요성을 알렸다. 병역거부자가 꾸준히 등장하면서 재판을 진행하고 헌법재판소에 병역법에 대한 위헌소송도 냈고, 유엔 자유권규약위원회의 개인통보제도에 진정을 넣는 등 다양한 유엔 메커니즘을 통해 한국 정부를 압박해왔다. 해야 하는 건 다 했고, 할 수 있는 것도 모조리 다 했다. 깊은 좌절감 속에 앞으로 무엇을 더 해야 할지, 할 수 있을지, 아무런 계획도 세울 수 없었다.

전쟁없는세상 내부적으로도 어려운 상황이 찾아왔다. 오랫동안 열심히 활동해온 날맹과 조은은 입영영장이 나와 병역거부를 하고 감옥에 갔고, 그동안 병역거부운동의 리더 역할을 한 오리는 영국으로 유학을 떠났다. 나는 개인적인 사정으로 전쟁없는세상을 그만두고 출판사에 들어갔고, 한동안은 사내 노동조합 일에 전념했다. 전쟁없는세상에는 활동가 여옥이 혼자 덩그러니 남겨졌다. 물론 전쟁없는세상의 활동이 멈춘 건 아니었다. 새롭게 시작한 무기거래 감시운동의 일환으로 확산탄cluster munition 금지 활동을 위한 공부를 이어갔고, 이제 막 서서히 불타오르려 하고 있는 강정해군기지 건설 반대에도 열심히 동참했다. 전쟁없는세상 주변에는 기꺼이 자신의 돈과 시간을 내어주는 고마운 이들이 있었고, 여전히 새로운 병역거부자도 계속 등장했다. 하지만 떠난 이들의 빈자리를 완전하게 채울 수는 없었다. 대체복무제 도입 문턱에서 고꾸라져버린 활동가들은 지쳐갔고, 저마다의 사정으로 전처럼 적극적으로 활동에 참여하지 못하는 이들은 미안한 감정만 쌓여갔다. 뭐든 할 수 있을 것만 같던 시절은 끝난 듯했고, 뭘 해도 안 될 것만 같은 시절이었다.

　다행히 좌절의 시기는 길지 않았다. 이명박 정부에 뒤이어 2012년 12월 역시나 보수적인 박근혜 정부가 들어서며 외부적으로는 나아질 것이 없어 보였다. 그럼에도 변화의 힘이 내부에서 만들어졌다. 감옥에 갔던 날맹과 조은이 출소했고, 나는 처음 들어간 회사를 그만둔 뒤 다시 전쟁없는세상 활동에 적극적으로 참여하기 시작했다. 여옥은 힘든 와중에도 굳건하게 전쟁없는세상을 지켜왔고, 유학을 마친 오리가 한국으로 돌아왔다. 오리는 영국에 머무는 동안 교류했던 그곳의 평화활동가들에게 전쟁없는세상이 처한 외적인 어려움,

즉 대체복무제가 도입 문턱에서 좌절되었으며 이미 할 수 있는 건 다 해본 활동가들에게 번아웃이 온 상황에 대해 조언을 구했고, 우리는 비폭력 트레이닝을 제안받았다. 비 온 뒤 땅이 굳는다고, 다시 모인 어제의 용사들처럼 뭐든 기운 내서 해보려는 마음이 가득했던 우리는 선뜻 그 제안을 받아들였다.

우리가 참여한 트레이닝은 '운동의 설계도Movement Action Plan'였다. 이는 소그룹 토론과 간단한 게임을 통해서 함께 사회운동을 분석하고, 목표를 설정하고, 전략을 세우고, 각자의 역할을 찾아보는 툴이다. 결과는 대만족이었다. 비폭력 트레이닝이 활동가들의 좌절감을 단번에 해소할 수 있는 무슨 치트키 같은 대단한 방법을 가르쳐준다거나 숨겨진 묘수를 깨우쳐준 건 아니다. 애초에 그런 게 존재할 리도 없다. 그보다는 트레이닝에 참여한 모두가 '함께 고민하고 토론하며 합의한 결과물'을 만들어내도록 한다는 점이 값지게 느껴졌다.

개인적으로는 사회운동을 논리적인 틀로 분석하며 접근한다는 게 신기했다. 그즈음 나는 개인적으로 시각이 변화하는 시기를 지나고 있기도 했다. 전쟁없는 세상 활동을 중단하기 전에는 열심히 하는 게 가장 중요하며 최선을 다하는 것이 성공하기 위한 중요한 요소라고 생각했다. 그러나 출판사에 다니면서 생각이 달라졌다. 아무리 열심히 하고 최선을 다해도 책의 목소리가 사람들에게 가닿지 않으면 의미가 없다는 걸, 닿지 못한다면 무언가 잘못하고 있는 것이고 그 지점을 찾아서 바꿔야 한다는 걸 깨달았다. 그러한 시각의 변화는 저자의 생각이나 주장을 더 많은 독자에게 전달하려면 어떻게 해야 하는지를 끊임없이 고민하는 출판사 일의 특성 때문이었을 것이다. 아무리 옳은 말이라도 독자에게 가닿지 못한다면, 그래서 독자를 설득할 수 있는 기회조차 얻지 못한다면 거기에 무슨 의미가 있을까?

병역거부자들이 감옥에 가면서 외치는 평화의 말들도 마찬가지였다. 나는 더 이상 열심히 하는 데, 옳은 소리를 하는 데 만족하고 싶지 않았다. 병역거부운동의 목소리를 어떻게 하면 한국 사회에 더 널리 퍼뜨릴 수 있을지를 고민하기 시작했다. 바로 그 시기에 비폭력 트레이닝을 만났고, 그것은 사회운동이 논리적이고 분석적이어야 하며 무엇보다도 명확한 목표 설정을 바탕으로 하는 전략이 필요하다는 사실을 일깨워줬다.

비폭력 트레이닝에서 무엇을 얻었는지는 활동가마다 다를 것이다. 누군가는 병역거부운동에서 자신의 역할을 찾은 게 가장 좋았을 테고, 어떤 이는 캠페인을 기획하고 실행할 때 써먹을 수 있는 다양한 툴을 경험해본 게 인상 깊었을지 모른다. 그럼에도 우리가 공통적으로 느낀 점이 한 가지 있다면, 그것은 사회운동이 사회의 변화를 이끌어내기에 충분히 강력한 힘을 지니고 있는 것과는 별개로 실제 변화가 이뤄지기까지 오랜 시간이 걸리며, 시간이 흐른다고 변화가 저절로 오는 것도 아니라는 사실이었다. 그때부터 우리는 더 이상 낙담하지 않았다. 대체복무제 도입은 오래 걸리는 일이니 조급해할 필요가 없었고, 또 대체복무제 도입만이 병역거부운동의 전부가 아니라는 사실도 알았기 때문이다. 천천히, 그렇지만 확실하게, 예전보다는 조금 더 영리하고 조금 더 여유 있게 우리의 계획을 가지고 우리가 바라는 변화를 향해 계속해서 걸어가기로 했다.

"너희는 총알도 아까우니 칼로 찔러 죽여야 해"

병역거부자의 황금기는 수감 시절이다. 이게 무슨 뚱딴지같은 소리냐 싶겠지만, 감옥에 있을 때만큼 많은 사람들의 지지와 관심과 애정을 받을 때가 없다. 편지와 영치금, 면회 등 눈에 보이는 방식으로 마음을 받으니 아무리 눈치가 없는 사람이라도 그 관심과 애정을 모를 수가 없다. 물론 소수의 지지자와 친구들을 제외하면 상황은 정반대가 되어, 지지와 애정의 자리에는 욕설과 비난이 자리한다. 요즘도 병역거부 관련 기사에 달린 댓글들을 보면 세상이 과연 변하긴 했나 싶을 정도로 심한 욕설을 쉽게 찾을 수 있다. 그래도 병역거부운동 초창기에 비하면 사회적 인식이 많이 바뀌었고, 병역거부자를 향한 사람들의 악감정도 많이 줄어들었다.

　과거에는 온라인뿐만 아니라 오프라인에서도 병역거부자를 향한 분노와 혐오를 쉽게 마주할 수 있었다. 2000년대 초반, 국회의원들이 앞장서서 대체복무제 입법에 나설 것을 촉구하는 서명 캠페인을 진행했다. 10만 명에게 서명을 받는다는 목표였는데 당시 캠페인에 참여했던 나는 주중에는 학교에서, 주말에는 마로니에공원이나 여의도 광장처럼 많은 사람이 모이는 곳에서 서명을 받고 다녔다. 그러다 보면 사람들과 시비가 붙는 일도 있었고, 성격이 욱하는 사람은 우리에게 손찌검을 하기도 했다.

인사동 쌈지길이 한창 공사를 하고 있을 때 우리는 매수 공사장 펜스 앞에서 서명을 받았다. 어느 주말 지나가던 한 스님이 우리를 보더니 서서히 다가왔다. 거나하게 취했는지 걸음은 비틀거렸고 가까이 다가왔을 땐 지독한 술 냄새가 풍겼다. 그는 대뜸 허리춤에 차고 있던 목검을 뽑아 들더니 우리에게 휘두르며 고래고래 소리를 질렀다. 당황스럽긴 했지만 술에 취해 흐느적거리는 목검을 피하는 건 어렵지 않았다. 혹시라도 누군가 오해할까봐 덧붙이자면 병역거부운동을 적극 지지하는 스님이나 불교 신자도 많다.

아무튼 오프라인에서 우리를 보고 분노를 터뜨리는 이들의 경우 대개 나라와 안보에 대한 걱정을 참지 못하고 씩씩거리지만 이렇다 하는 말은 없었다. 드물게 저주의 말을 쏟아낸 이도 있었는데, 2012년 무렵 대체복무제 입법을 촉구하기 위해 병역거부 역사에 대한 전시를 국회의원회관 로비에서 진행할 때 일이다. 전시물을 살펴보던 나이 지긋한 한 할머니는 우리에게 다가오더니 삿대질을 하고 욕설을 뱉으며 고래고래 소리를 지르셨다.

"내가 북한에서 살았어! 김일성과 스탈린 사진이 걸린 교실에서 공부했다고! 그래서 내가 러시아 말도 할 줄 알아! 너네들이 공산당이 뭔지 알기나 해? 얼마나 끔찍한 종자들인지 몰라서 이딴 소리를 하는 거지? 너희 같은 놈들은 총으로 쏴 죽여야 해! 아니, 총알도 아까우니 칼로 찔러 죽여야 해!"

우리가 대꾸하지 않자 할머니의 언성은 더 높아졌고 이내 사람들의 이목이 집중되었다. 우리는 별다른 대응을 하지 않은 채 그냥 가시라는 말만 하며 듣고 있었다. 사실 어지간한 악담에는 이골이 나 있었는데, '총알도 아까우니 칼로 찔러 죽여야 한다'는 말은 너무나 섬뜩해서 그 이후로도 잘 잊히지가 않았다.

물론 병역거부를 반대하는 사람들이 죄다 막무가내에 폭력적이고 감정적인 건 아니다. 어디든 과격한 사람들이 더 주목받기 때문에 기억에 남았을 뿐, 자신의 입장을 차분하게 밝히며 말을 걸어오는 사람도 많았다. 그런 토론은 우리에게도 자양분이 되었다. 병역거부운동이 펼치는 주장이나 주장을 뒷받침하는 논리의 부족한 점을 발견할 때도 있었기 때문이다. 예를 들어, 병역거부운동은 초창기에 '징병제 폐지'를 서슴없이 외쳤다. 하지만 현실적으로 군대를 폐지하지 않는 이상 징병제 폐지는 결국 모병제 도입으로 귀결될 수밖에 없고, 병역제도 개선은 굉장히 복잡한 고차방정식이라는 걸 알게 되면서 섣불리 징병제 폐지를 말하지 않게 되었다. 그 대신 병역제도를 어떤 식으로 개선해야 하는지, 병역제도 개선을 위해 우리는 어떤 관점으로 어떤 지점을 들여다봐야 하는지를 말하기 시작했다.

병역거부자를 향해 표출되는 감정들을 무엇이라고 부를 수 있을까? 이는 여성, 장애인, 노인, 어린이, 이주민 등 사회적 소수자를 향한 혐오와 비슷한 면이 있다. 하지만 병역거부자에 대한 사람들의 분노는 다른 소수자에 대한 혐오와는 분명 다른 결을 가지는 것도 같다. 예컨대 병역거부자에게 악담을 퍼붓는 나이든 세대의 경우에는 자신들이 중요하게 생각하는 가치인 국가안보를 '무너뜨리는 놈들'이라는 분노의 감정이 핵심인 듯하고, 군대에 다녀온 예비역 남성들은 의무를 기피하는 '남자답지 못한' 남자에 대한 경멸, 그리고 자신과 달리 누군가 군대에 가지 않는다는 데 대한 분노와 부러움이 복잡하게 섞여 있는 것처럼 보인다. 다시 말해 병역거부에 대한 분노는 그 안에서 소수자 혐오를 발견할 수도 있지만, 그러한 혐오만으로는 설명할 수 없는 지점도 있는 것이다.

사회운동은 본디 보편적으로 인정받지 못하는 가치를 대변하거나 존중받지 못하는 존재의 권리를 옹호하기 때문에 소수의견에 해당하는 경우가 많다. 이미 보편성을 획득한 가치나 보편적인 존재의 권리는 사회운동이 아니더라도 정치나 언론에서 충분히 대변하고 옹호하므로 굳이 사회운동이 개입하지 않아도 되는 경우가 대부분이다. 소수파인 사회운동은 존중받지 못한 이들의 권리를 보편적인 가치로 만들기 위해 끊임없이 사람들과 대화하고 설득해야 한다. 집회, 직접행동, 성명이나 논평 쓰기 등등 사회운동의 전통적인 방식은 모두 큰 틀에서 사람들을 설득하기 위한 기본적인 방법이다.

병역거부는 한국 사회에서 민감한 문제인 징병제와 군사안보를 정면으로 비판하는 직접행동이었기 때문에 시작부터 대중적인 지지를 받기 어려웠다. 보수적인 사람들뿐만 아니라 진보 진영에 속한 사람들도 처음에는 병역거부를 받아들이지 못했다. 민중대회나 노동자대회처럼 나름 진보적인 사람들이 많이 모이는 곳에 가서 병역거부를 알리는 유인물을 나눠주어도 "그래도 군대는 가야지"라는 지청구를 듣는 일이 다반사였다. 홍세화, 박노자 같은 진보 지식인과 故 임기란 민주화실천가족운동협의회(민가협) 대표 같은 인권운동의 원로들이 나서서 병역거부운동을 옹호했던 것도 병역거부에 대한 사회의 반감이 너무 컸기 때문이다.

동서고금을 막론하고 싸움에서 이기기 위한 첫 번째 조건은 우리 편을 더 많이 만들고, 우리와 맞서는 상대방을 고립시키는 것이다. 병역거부운동은 평화주의의 실천이었지만 현실에서는 군사주의 세력과 평화주의자 사이의 싸움이었다. 우리는 병역거부자에 대한 혐오를 선동하는 정치인과 언론에 단호하게 맞서면서 사람들과 끊임없이 만나고 대화를 나누었다. 병역거부는 선언인 동시에 말 걸기였고, 그것이 우리 나름의 생존 방식이었다.

병역거부를 반대하는 이들의 이야기를 자세히 들어보면 잘 모르거나 정보가 충분하지 않아서 반대하는 경우가 많았다. 그런 사람들은 대화를 하다 보면 병역거부운동의 지지자가 되기도 했다. 병역거부에 막연한 반감을 가지고 있더라도 대체복무제의 필요성에 대해서는 공감하는 사람들도 있었다. 정치적으로 보수적인 사람도 주변의 누군가가 병역거부를 하면 일단 그의 이야기에 귀를 기울이고 한 번 더 생각해볼 수 있다. 물론 그러고 나서도 반대하는 경우가 많기야 했지만, 그때의 반대는 병역거부라는 행동에 대한 이견이지 병역거부자를 혐오하는 반대는 아니었다. 병역거부자의 존재를 존중하되 정치적 의사표현으로 병역거부를 선택하는 문제를 놓고 조심스럽고 신중하게 표명하는 반대였고, 이런 경우에는 대체복무제 도입을 인권적인 측면에서 찬성하는 사람도 많았다.

우리의 방식이 지름길이었는지, 돌아가는 길이었

는지는 잘 모르겠다. 다만 그 꾸준한 노력 덕에 병역거부에 대한 사회적 시선은 지난 20년 동안 많이 달라졌다. 사람들의 인식 변화가 없었다면 대체복무제 도입도 어려웠을 것이다.

하지만 그 과정에서 분명한 한계도 있었다. 사람들을 잘 설득하기 위한 노력은 종종 기성의 질서를 강화하는 방식으로 나아가기도 한다. 가령, "우리는 군대에 가는 양심도 존중합니다. 예비역들의 양심이 존중받는 것처럼 병역거부자의 양심도 보호받아야 합니다"라는 초창기 병역거부운동의 말은 뼈아픈 비판을 받기도 했다. 징병제 연구자인 강인화는 비국민들과의 연대를 강화하기보다 예비역 남성들과의 관계 개선에 힘을 썼다는 점에서 초창기 한국 병역거부운동이 취한 전략의 남성성에 대해 비판했다. 감옥에서 그의 논문을 읽은 나는 그 정확한 비판에 뼈가 아팠지만 그런 비판이야말로 우리에게 필요한 것이었고, 뼈아픈 비판이 우리를 성장하게 한다는 것도 잘 알고 있었다. 이제 우리가 노력할 차례였다.

감옥 가는 남자, 옥바라지하는 여자?

2018년, 양심적 병역거부자에 대한 대체복무제를 규정하지 않은 「병역법」에 대해 헌법재판소는 위헌 판결을 내렸다. 그 직후 전쟁없는세상 사무실 전화기는 쉴 틈이 없었다. 전화를 걸어온 기자들은 십중팔구 병역거부자를 연결해달라고 했다. 당사자의 한마디가 갖는 의미를 모르는 바는 아니었지만 어쩐지 조금 심통도 났다. '우리가 무슨 병역거부자들 매니저인가?' 병역거부자들과 연결해줘도 이내 다시 전쟁없는세상으로 연락이 오는 경우도 부지기수였다. 병역거부 이슈의 전반적인 내용이나 대체복무제를 둘러싼 논의의 세세한 지점들을 물어야 했기 때문이다. 사실 이런 상황은 너무 익숙한 일이기도 하다. 더군다나 내가 느낀 불만은 여성 활동가들이 이 운동에서 너무 자주 부차적인 존재로 여겨지는 문제에 비하면 아무것도 아니었다.

어느 날, 또 전화벨이 울렸다.

"전쟁없는세상이죠? 혹시 여옥 활동가 연락처를 알 수 있을까요?"

귀를 의심했다. 여옥의 전화번호를 묻는 기자라니, 병역거부자가 아니라 여성 활동가를 찾는 기자라니! 깜짝 놀라면서도 너무 반가워서 아주 큰 소리로 전화번호를 불러줬다. 드디어 병역거부운동에서 가장 중요한 역할을 해낸 사람들이 누구인지 아는 기자가 생겼구나 싶었다. 시간이 좀 지난 뒤에 여옥에게 기자와 무슨 이야기를 했는지 물었다. 그런 혜안을 가진 기자라면 질문도 남다를 것이라는 기대를 잔뜩 한 상태였다. 하지만 여옥의 입에선 예상하지 못한 대답이 나왔다.

"인터뷰할 수 있는 병역거부자들 연락처를 묻더라고."

순간 심한 배신감에 온몸의 기운이 쑥 빠졌다. 병역거부운동을 하며 만난 많은 기자, 아니 한국 사회의 대다수 사람이 병역거부운동을 하는 여성 활동가를 그저 병역거부자의 '조력자'쯤으로 여긴다. 감옥행을 감수하는 남성 병역거부자들이 '평화 영웅'이 되는 동안 여성 활동가들은 영웅의 그림자 속에서 잘 드러나지 않은 채 영웅이 더욱 빛나게 도와주는 역할로만 여겨져왔다. 병역거부운동에서 여성이 언론에 등장하는 경우는 대부분 병역거부자 누구누구의 가족, 애인, 친구로 호명될 때뿐이다. 여성 활동가의 목소리는 남성 병역거부자의 존재를 거치지 않고서는 사회적으로 발화되지 못했다.

그러나 일반적인 인식과 달리 한국 병역거부운동에서 가장 중요한 역할을 해온 이들은 주로 여성이었다. 이 당연한 사실에는 우연과 필연이 섞여 있다. 한국에서 병역거부운동을 처음 시작한 건 젊은 평화활동가들이 모여 있던 단체 평화인권연대(1999~2010)의 최정민(오리) 활동가였다. 한국에서 열린 국제회의에 참가한 미국친우봉사회American Friends Service Committee, AFSC의 카린 리 활동가가 당시 평화인권연대 활동가였던 최정민에게 대만의 대체복무제 도입 소식을 알리며 병역거부운동을 제안한 게 우연한 시작이다.

그 이후 최정민과 함께 전쟁없는세상의 양여옥이 꽤 오랫동안 병역거부운동의 핵심적인 역할을 해온 것은 필연적인 요소다. 나를 포함해 병역거부자들은 감옥에 다녀오는 동안 활동의 공백이 생겼고, 더러는 수감생활 전후로 긴 방황의 시간을 갖기도 했다. 반면 여성 활동가들은 병역거부자들이 감옥에 가서 자리를 비우는 동안에도, 출소하고 나서 각자의 삶을 찾아 떠난 이후에도 대체복무제 도입을 포함해 병역거부운동이 나아갈 방향을 살피고 사람들을 모으며 계속해서 활동을 기획하고 조직해갔다. 언론에서 마치 여성 활동가의 전유물처럼 조명하는 수감자 지원활동은 활동가의 수많은 일 중 하나였을 뿐이다. 또한 여성 활동가들은 병역거부운동에 내재된 남성중심성이나 가부장성을 탈피하기 위해 많은 노력을 기울였다. 특정 성별, 혹은 특정 개인에게 사회적 관심이 집중되지 않도록 신경 쓰고, 병역거부운동 내부의 의사 결정과 캠페인 진행 과정에서도 소외되는 사람이 없는 문화와 구조를 만들기 위해 애썼다. 한국 병역거부운동이 일군 성과 뒤에는 다양한 요인이 있겠지만, 무엇보다 이 운동이 여성 리더십을 중심으로 이어져왔다는 사실이 중요하게 다뤄져야 한다.

여성 활동가들의 존재가 잘 드러나지 않은 건 외부 시선만의 문제는 아니었다. 나와 동료들은 병역거부운동에 페미니즘의 시선이 필요하다고 생각하고 노력했는데, 이는 운동 내부의 성별화된 분업을 민감하게 여겼기 때문이다. 이 운동 내에서 누가 감정노동을 요구받고 감당하는지는 특히 중요한 문제였다. 병역거부자 상담, 수감자 지원을 비롯한 감정노동은 철저하게 여성 활동가들에게 집중되어 있었다.

병역거부운동이 병역거부자를 만나는 방식에서 상담은 중요한 위치를 차지한다. 그리고 상담 업무의 상당한 부분은 감정노동이다. 또한 병역거부자가 감옥에 갈 경우 이뤄지는 수감생활 지원에서도 감정노동은 가장 중요한 부분을 차지했다. 병역거부자 현민은《감옥의 몽상》에서 신영복 선생님으로 대표되는 진보 남성의 감옥살이가 여성의 돌봄노동에 기대어 있었음을 날카롭게 지적하며 비판했는데, 병역거부자의 감옥살이도 크게 다르지 않았다. 사실 감옥생활을 누구보다 잘 아는 이들은 앞서 출소한 병역거부자들이고, 따라서 수감생활을 가장 잘 지원할 수 있는 이들도 앞선 병역거부자들일 것이다. 하지만 실제 병역거부운동 현장에서는 수감된 병역거부자들이 필요한 일을 부탁하거나 수감생활에서 오는 여러 정서적 어려움을 털어놓는 데 여성 활동가들에게 의존하는 일이 반복되었다. 여성 활동가에게 집중되는 돌봄노동과 감정노동을 다른 활동가들에게 분산하기 위해 출소한 병역거부자와 수감된 병역거부자를 짝지어 수감자 지원을 하는 등 여러 시도를 했는데, 어느 정도는 성과도 있었지만 감정노동의 성별분업을 극복할 정도는 되지 못했다.

한편으로 감정노동의 성별분업을 극복하려는 노력은 예기치 않은 갈등으로 이어지기도 했다. 수감생활은 병역거부자 스스로 감당해야 할 일인 동시에 바깥의 지속적인 도움 또한 필요하다. 따라서 전쟁없는세상은 구속을 앞둔 병역거부자에게 영치금 관리나 면회 일정과 같은 누군가 늘 신경 써야 하는 업무를 담당해줄 후원회장의 필요성을 강조한다. 병역거부자들은 자신이 신뢰하고 부담 없이 무언가를 요청할 수 있는 이에게 후원회장을 부탁하곤 했는데, 여기서도 일정한 경향성을 쉽게 찾을 수 있었다. 애인이 있는 이성애자인 경우

거의 100퍼센트 애인이 후원회장을 맡았고, 성소수자나 애인이 없는 사람인 경우에도 대개 여동생이나 여성인 친구 등 여성들이 후원회장을 맡았다. 감옥에 가는 남성과 옥바라지하는 여성이라는 구도가 너무나 명확했던 것이다.

이 구도에 문제의식을 느낀 우리는 감정노동이 여성에게만 요구되는 성별분업에 대한 문제의식을 함께 나누면서, 병역거부운동 내에서의 실천으로 가능하다면 후원회장을 남성으로 지정할 것을 제안했다. 갈등은 바로 이 과정에서 발생했다. 몇몇 여성 후원회장은 전쟁없는세상의 문제의식에 동의하면서도, 자발적으로 병역거부운동에 참여하기로 결정한 자신의 선택을 전쟁없는세상이 왜곡한다고 느꼈다. 이들은 남자친구의 병역거부를 '돕기' 위해서가 아니라, 스스로를 병역거부운동의 중요한 주체로 여기고 이 운동에 참여하는 방법으로 후원회장을 선택한 것인데 마치 자신의 선택이 성별분업을 공고히 하는 것처럼 여겨지는 데 대한 문제를 제기했다.

다른 한편으로, 전쟁없는세상의 조언을 받아들여 남성에게 후원회장을 맡긴 경우에도 생각하지 못한 문제가 발생했다. 돌봄노동에 미숙한 남성 후원회장이 수감된 병역거부자의 요청에 제대로 응답하지 못하고, 그 결과 후원회장 업무의 상당 영역을 다시금 병역거부자의 여성 지인이 감당하는 상황이 벌어진 것이다. 이는 돌봄노동을 수행하는 여성들의 활동이 더더욱 비가시화된다는 문제도 있었다. 고생한다는 칭찬은 남성 후원회장이 듣고, 실제 일은 여성이 도맡아 하는 형태는 성별분업의 문제를 바로잡기는커녕 문제를 더욱 복잡하게 만드는 것이었다.

죽노복 노력해야 겨우 중간에 이르는 것들이 있다. 병역거부운동 내부의 성별 역할이 그렇다. 언젠가 전쟁없는세상 블로그의 필자 성비를 분석해본 적이 있다. 그해에는 총 60편의 글이 실렸는데, 남성 필자가 쓴 글이 40편, 여성 필자가 쓴 글이 20편이었다. 필자 섭외 시 같은 주제로 2명의 예상 필자를 선정하고 그 둘의 성별이 다를 경우 여성 필자에게 먼저 섭외 연락을 하는데도 그랬다. 기본적으로 병역거부자들의 글이 많이 실린다는 점도 성비에 영향을 줄 것이다. 결국은 끊임없이 노력해서 조금씩이라도 균형을 맞춰나가는 수밖에 없다.

개인적으로는 기회가 될 때마다 병역거부운동에서 여성 활동가들이, 특히 오리와 여옥이 얼마나 중요한 역할을 했는지 수시로 떠들고 다닌다. 병역거부자가 감옥에 갈 때 받는 지지와 연대만큼, 아니 그 이상으로 병역거부운동을 이끌어온 여성 활동가에 대한 인정과 존중이 필요하다.

전쟁수혜자를 막아라

내가 병역거부로 구속된 2006년, 전쟁없는세상 활동가들은 유럽에서 열린 국제회의에 단체로 참여했다. 당시 전쟁없는세상 활동가들은 남성 병역거부자만 주목받기 쉬운 병역거부운동의 태생적인 한계에 지긋지긋해하고 있던 터라, 병역거부운동 외에 다른 평화 이슈로 확장하는 활동을 모색하는 중이었다. 다른 나라의 평화운동이 어떤 이슈로 캠페인을 하는지 보고 듣는 것은 무척 소중한 기회였다. 그 회의에 참여한 활동가들이 낙점한 전쟁없는세상의 새로운 캠페인은 바로 무기를 만들고 판매하는 기업에 저항하는 평화운동이었다.

그때까지 한국 사회에서 '전쟁수혜자warprofiteer'는 생소한 개념이었다. 전쟁의 주요 행위자는 국가, 특히 군대라고 생각하는 게 일반적이다. 쉽게 말하면 전쟁에 앞서 선전포고를 하는 건 각국의 정치인들이고, 실제 전투를 수행하는 건 군인들이라는 단순한 생각이다. 그러나 실제 그 뒤에는 무기를 만들고 판매하는 기업이 있다. 그런데도 오랫동안 전쟁에서 기업의 역할은 교묘히 가려져 있었다.

　현대의 전쟁은 총력전이다. 군인이 수행하는 건 전투일 뿐이고, 전투를 하기 위해서는 사실상 군인 외에도 나라의 많은 이들이 동원된다. 특히 기업들은 군인들이 전투를 수행하는 데 필요한 여러 물자를 생산하고 운송함으로써 중요한 역할을 하고, 그 과정에서 막대한 이익을 얻는다. 베트남전쟁 당시 한국 기업들은 한국군 파병의 대가로 미국으로부터 미군의 전쟁 수행에 필요한 각종 사업을 수주했고 이를 바탕으로 재벌기업으로 성장했다. 대표적인 기업이 한진그룹이다. 한진그룹은 베트남전쟁 당시 미국 본토에서 온 물품을 미군 병사들에게 전달하는 일을 했는데, 그 일이 발전하여 오늘날 한진택배가 되었다.

　하지만 전쟁에서 기업들이 어떤 역할을 했는지에 대해서는 그동안 크게 알려지지 않았다. 그나마 우리에게 익숙한 말은 '군산복합체'다. 군부와 대기업이 서로의 이익을 위해 의존하는 체제를 일컫는 이 말은 미국 34대 대통령 드와이트 아이젠하워Dwight David Eisenhower, 1890~1969가 퇴임 연설에서 처음으로 언급하며 대대적인 주목을 받았다. 당시 연설에서 아이젠하워는 세계 각국의 군비경쟁 가속화를 경고하며, 군부와 연결되어 전쟁으로 돈을 버는 방위산업체와 돈을 벌기 위해 전쟁을 원하는 정치인들의 이해관계적 행태를 '군산복합체'라고 명명했다. 이후 전쟁으로 이익을 얻는 기업들이 크게 가시화된 것은 2003년 발발한 이라크전쟁 때였다. 이라크전쟁 때는 특히 전쟁을 수행하는 데 필요한 여러 역할을 민간기업체들이 담당하며 큰돈을 벌었다. 이라크 침략을 주도한 부시 행정부의 부통령이었던 딕 체니를 연결고리로 하여 이라크 재건 사업으로 110억 달러를 벌어들인 기업 핼리버튼(딕 체니는 부통령이 되기 전 핼리버튼의 경영자였다)의 사례가 대표적이다.

이처럼 전쟁으로 돈을 버는 기업들의 중심에는 단연 무기를 만들어 판매하는 기업들이 있다. F-35 전투기를 생산하는 미국의 록히드마틴이나 영국의 BAE가 대표적이다. 한국 기업으로는 비인도적 무기의 대표 격인 확산탄을 생산하는 한화와 풍산이 있다. 평화활동가들은 사람 죽이는 일 말고는 도무지 쓸 데가 없는 이런 무기를 만들어 파는 기업을 '전쟁수혜자'라고 명명하며 이들의 무기 생산과 판매를 감시하거나 막는 활동을 펼쳐왔다. 보병이 중심이었던 1차 세계대전 때 전쟁을 중단시키기 위한 직접행동이 병역거부였다면, 첨단무기를 만드는 군수산업체의 이익에 의해 전쟁이 좌지우지되는 현실에서 전쟁을 막기 위해서는 전쟁수혜자들의 활동을 중단시키거나 억제해야 했다. 이러한 생각이 전쟁수혜자들에 대한 저항 캠페인으로 이어진 것이다. 전쟁없는세상의 활동가들이 주목한 점도 바로 이 지점이었다.

전쟁없는세상 활동가들은 대부분 여성이거나 병역거부자라서 소총 한번 잡아본 적이 없고, 당연히 무기에는 더더욱 관심도 없었다. 잘 모르니 공부부터 시작했고, 나도 출소한 뒤 공부 모임에 합류했다. 그런데 공부도 흥미로운 주제를 파고들어야 신이 나지, 좋아하지도 않는 걸 공부하려니 도통 흥이 나질 않았다. 무기 종류는 또 왜 이리 많은지 파도 파도 끝이 없을 무렵, 일단 뭐라도 해보자는 심정으로 나름의 고심 끝에 확산탄 금지 캠페인을 시작했다.

한국 기업들도 생산하는 확산탄은 집속탄이라고 부르기도 한다. 큰 폭탄 안에 작은 폭탄이 300~500개가량 들어 있고, 이를 발사하면 공중에서 큰 폭탄이 폭파하며 그 안의 작은 폭탄들이 넓은 지역에 흩뿌려지는 무기다. 정밀한 타격보다는 넓은 지역에 피해를 입히기 위한 무기이고, 그렇기 때문에 다른 무기보다 민간인 피해가 심각하다. 더욱이 작은 폭탄들 가운데 적지 않은 숫자가 불발탄으로 남아 있다가 지뢰처럼 수십 년이 지난 뒤에 갑자기 폭발해 피해를 입히는 경우도 많다. 확산탄을 타깃으로 삼은 이유는 간단했다. 확산탄은 지뢰와 더불어 국제 사회에서 대표적인 비인도적 무기로 인식되고 있었고, 비록 한국은 가입하지 않았지만 확산탄의 생산 및 거래를 금지하는 국제조약도 있었다. 이런 이유들로 유럽의 군수산업체들은 점차 확산탄 생산을 중단해가는 추세였는데, 당시 세계에서 가장 많은 확산탄을 생산하는 기업들 가운데 국내 기업(한화, 풍산)이 있었던 것이다. 전쟁없는세상은 한국의 국민연금공단이 한화와 풍산의 대주주라는 점을 부각하며 "우리의 세금으로 비인도적인 무기 생산에 투자하지 말라"는 구호를 외쳤고, 확산탄에 대한 투자 철회 촉구 캠페인을 펼쳤다. 과거에도 기업의 특정 상품을 문제삼는 사회운동은 있었지만 대부분 상품의 생산 과정에서 일어나는 노동 착취나 환경 파괴를 문제삼았던 것이지, 무기처럼 상품 자체를 문제삼는 경우는 드물었다. 그 때문에 캠페인 초기에는 사회적 관심을 끌어내기도 했지만, 대중적으로 확산되지는 못한 채 캠페인은 소강상태에 접어들었다.

하지만 우리는 생각하지 못했던 곳에서 큰 성과를 거두게 된다. 2010년, '아랍의 봄'이라고 불리는 중동 국가 시민들의 민주화운동이 시작되었다. 이 거센 민주화운동의 물결은 바레인에서도 예외가 아니었다. 바레인 정부와 경찰은 시위대를 진압하기 위해 최루탄을 무차별적으로 살포했고 이 과정에서 수십 명의 바레인 시민이 목숨을 잃었다. 그러던 어느 날, 전쟁없는세상과 국제앰네스티 한국 지부로 메일이 한 통 왔다. 바레인 정부의 무차별적인 최루탄 살포로 수십 명이 죽고 있는

데, 바레인에 가장 많은 최루탄을 수출하는 국가가 바로 한국이며, 바레인은 추가로 최루탄을 더 수입할 계획도 있으니 한국의 활동가들이 정부를 압박해 최루탄 수출을 막아달라는 것이었다. 한국에서는 최루탄이 쓰이지 않은 지 오래되어 계속 생산되고 있는지조차 몰랐는데 알아보니 여전히 생산 중이었고, 최루탄 수출은 방위사업청과 경찰청의 허가로 진행되는 일이었다. 평화활동가들은 즉각 한국산 최루탄으로 바레인의 많은 시민이 죽고 있다는 사실을 한국 사회에 알리는 동시에, 방위사업청과 국회 앞에서 기자회견을 열고 정부가 나서서 최루탄 수출을 중단시킬 것을 촉구했다. 그 결과 추가 수출은 막아냈다. 국제적 연대를 바탕으로 당장의 죽음을 막아내는 큰 성과를 남긴 이 캠페인은 외국에서 일어나는 분쟁과 무력충돌에 대해서도 우리에게 세계 시민으로서의 책임이 있다는 것을 직접적으로 실감하는 계기가 되었다.

당연하게도 바레인의 상황은 한국의 최루탄 수출만 막는다고 해결될 일이 아니었다. 당시 최루탄을 수출하던 기업은 바레인 수출이 무산되자 터키 정부에 최루탄 판매를 이어갔고, 이마저 막히자 아예 터키에 최루탄 생산공장을 세웠다. 이런 흐름을 보면서 개별 무기 하나하나에 집중하기보다는 무기산업 자체에 포커스를 맞추는 활동이 필요하다는 생각이 굳어져갔다.

한편 그즈음 공군에서 주관하던 서울 에어쇼가 '서울 국제 항공우주 및 방위산업 전시회Seoul International Aerospace & Defence Exhibition, ADEX'(이하 서울아덱스)란 이름으로 거듭났다. 한국에서 방위산업은 '미래 산업' 혹은 '외화를 벌어들이는 효자 산업'쯤으로 인식되는 경향이 강하다. 서울아덱스 또한 대통령이나 국무총리가 직접 개막식에 참석해 축사를 할 만큼 주목받는 거대한 행사다. 화려한 에어쇼와 최첨단 기술의 집약체인 우주산업 박람회처럼 보이는 서울아덱스의 실상은 여러 방위산업체가 참여해 살상무기를 거래하는 시장이다. 전쟁없는세상은 2013년부터 2년마다 열리는 서울아덱스의 개최를 반대하는 행동에 착수했다. 우리가 전하려는 메시지는 간단하다. 여기서 전쟁이 시작되니, 여기서 전쟁을 멈추자는 것이다.

무기를 사러 온 바이어 가운데는 독재정권이 들어선 국가나 내전 중인 국가의 관계자들도 있다. 한국에서 열리는 무기 박람회에서 사고파는 무기는 국제분쟁이나 내전에 쓰이고 있다. 2020년대의 한국은 전 세계 전쟁 시장에서 중요한 행위자가 되었다. 전 세계에서 가장 많은 국방비를 쓰는 10개국에 7년 연속으로 포함되었고, 무기수출 점유율에서도 세계 10위를 기록 중이며, 그 점유율이 가장 가파르게 상승하는 국가다. 한국산 무기와 시위 진압 장비는 바레인, 예맨, 태국, 인도네시아 파푸아바랏 등지에서 민주주의와 인권을 위협하고 더러는 시민들의 목숨까지 빼앗고 있다. 전 세계에서 일어나는 전쟁과 무력갈등, 그리고 그로 인한 피해에 한국은 상당한 책임이 있다. BTS가 세계를 누비며 많은 이들에게 위로를 전하는 동안, 한국산 무기는 여러 분쟁지역에서 사람들의 삶의 터전을 파괴하고 그늘을 난민으로 내몰고 있다. 분쟁으로 인한 난민 문제가 한국 사회와 결코 동떨어져 있지 않은 이유이기도 하다.

난민을 선택하는 사람들

감옥에서 출소하고 난 뒤 전쟁없는세상 친구들과 자전거 여행을 간 적이 있다. 마침 전쟁없는세상이 도쿄에서 열리는 어느 행사에 초대받았고, 우리는 행사에도 참여할 겸 자전거 여행의 목적지를 일본으로 정했다. 부산에서 배를 타고 오사카로 간 뒤, 오사카에서 도쿄까지 약 1,000킬로미터를 자전거로 가는 계획이었다. 결과적으로 해발 1,000미터가 넘는 하코네 산맥을 앞두고 후지 시에서 기차에 몸을 실어야 했지만, 그래도 계획했던 1,000킬로미터 중 700킬로미터를 자전거로 이동했다. 스마트폰도 없던 시절이라 긴 여행 동안 지도책을 보며 길을 찾았고 지도에 나오지 않은 골목길은 현지인에게 물어물어 다녔다. 함께 간 친구들 중에 일본어를 할 줄 아는 사람이 하나도 없었으니 도로 표지판을 보는 것도 쉽지 않았다. 일본 문자인 히라가나나 가타카나 대신 익숙한 한자가 보이면 그것만으로도 반가울 정도였다.

기후나 음식은 그나마 익숙한 편이었는데도, 그 여행으로 모국어가 없는 세상에 대한 감각이 깊게 각인

되었다. 그것은 단순히 말이 통하지 않는 답답함이 아니라, 내게 익숙하고 당연한 모든 것이 더 이상 작동하지 않을 수 있다는 감각에 가까웠다. 두려움이기도 하고, 고립감이기도 한 감각. 여행 중 모국어가 없는 세상에서 살아가는 것이란 어떤 일일까를 언뜻 생각해보았지만 제대로 상상할 수는 없었다. 좀처럼 떠올릴 수 없는 삶이었기 때문이다. 국가수의를 비판하는 입장이면서도 국적의 바깥은 감히 상상하지 못했다.

그랬으니 병역거부를 이유로 난민을 선택하는 사람이 있다는 이야기를 처음 들었을 때 받은 충격은 무척 컸다. 종교를 바꾸거나, 하물며 야구 응원팀을 바꾸는 것도 어려운 일처럼 생각하는 내게 국적을 바꾸는 일은 상상도 하기 힘든 일이었기 때문이다. 아마 모국어가 통하지 않는 세상에서 사는 일이 모국어로 소통하는 감옥살이보다 더 두려웠던 게 아닐까 생각한다. 베트남전쟁 중 탈영하고 제3국으로 망명한 미군들과 그들을 도운 일본 평화활동가들에 대한 이야기는 익히 들어 알고 있었지만, 그것도 내게는 '망명'이나 '난민'보다 현역군인의 '선택적 병역거부'라는 의미로만 기억되었다. 다른 말들은 머릿속에서 겉돌다 이내 사라지고는 했다.

그러던 차에 2011년, 병역거부를 사유로 캐나다로 망명한 김경한의 사례를 접했다. 그때의 충격은 오태양을 통해 군대를 거부할 수 있다는 사실을 처음 깨달았을 때 받은 충격만큼이나 강렬했다. 이후 병역거부 난민에 대한 감각이 더 구체적으로 다가온 건 김경한의 망명 소식 2년 뒤인 2013년, 프랑스에서 들려온 이예다의 소식을 듣고서였다.

김경한은 평화주의자여서 병역거부를 했다고 알려져 있긴 하지만 구체적으로 어떤 생각을 가지고 있었는지, 그가 말하는 평화주의가 구체적으로 무엇이었는지는 언론의 짤막한 보도만으로 알 수 없었다. 반면 이예다는 평화주의자인 자신이 어째서 난민을 선택할 수밖에 없었는지를 언론 인터뷰를 통해 아주 구체적으로 밝혔다. 그는 불교를 배우며 어떤 생명도 죽이지 않겠다고 다짐했고, 그 생각이 병역거부로 이어졌다고 밝혔다. 그런 그에게 난민이라는 선택지를 가르쳐준 것은 함께 병역거부를 고민하던 친구였다고 한다. 그는 병역거부를 통해서 한국 사회에 말을 걸고자 했고, 한국 사회에서 병역거부권이 인정받는 데 기여하고자 했다. 그에게 '병역거부자 난민'이라는 정체성은 삶의 원칙을 지키는 개인적인 실천일 뿐만 아니라, 전쟁과 군사주의에 저항하는 방법인 동시에 병역거부를 인정하지 않는 한국 사회의 변화를 촉구하는 시민불복종이었다.

하지만 나는 여전히 의문을 가지고 있었다. 왜 감옥이 아니라 난민이었을까? 2021년 '세계 병역거부자의 날'(5월 15일) 온라인 행사에 패널로 참여한 이예다는 '한국을 떠난 것을 실감한 순간이 있었나'라는 질문에, '프랑스 사회도 마냥 좋지만은 않고 힘든 점도 있지만, 한국에서는 홀로 동떨어져 있는 기분을 느낄 때가 많았다'고 대답했다. 한국에서도 비주류, 비국민의 감각으로 삶을 살아가던 그에게 난민은 이미 낯설지 않은 정체성이었던 셈이다.

이예다의 소식이 알려진 뒤, 한국의 많은 병역거부자도 난민을 주요한 선택지로 고민하기 시작했다. 과거에는 전쟁없는세상에 상담 요청을 해오는 병역거부자가 주로 재판절차나 수감생활에 대해 물었는데, 이예다 이후 난민 신청에 대한 문의가 급증했다. 난민을 선택지로 고민하는 병역거부자는 확실히 이전의 병역거부자들과는 또 달랐다. 대체로 한국 사회 내 안정적인 삶의 기반이 있던 이전의 병역거부자들과 달리 한국을 떠나도 잃을 것이 별로 없다고 느낀다는 점에서 한국 사회 내 처지가 달랐고, 국가에 대한 감각도 달랐다.

병역거부 난민을 적극적으로 고민하고 준비하는 이들과 만나면서 나는 두 가지 면에서 놀랐다. 첫 번째는 '난민'에 대한 나의 무지와 편견이 너무 심각했다는 것이다. 난민이라고 했을 때 내 머릿속에 떠오른 이미지는 매우 전형적이었다. 전쟁이나 심각한 기아를 피해 고향을 떠난 이들, 혹은 파리에서 택시 운전사가 될 수밖에 없었던 홍세화 선생님처럼 독재정권과 맞서다가 사실상 추방당한 정치적 망명자가 내가 떠올리는 난민의 모습이었다. 한국의 병역거부자는 감옥에 갇히고 직업 선택에서 어느 정도 사회적 차별을 받긴 해도 그것이 전쟁터에서 도망쳐 온 난민처럼 생명의 위협을 느낄 정도는 아니고, 독재정권에 쫓겼던 정치범처럼 한국으로 송환되면 죽음을 각오해야 할 상황도 아니라고 생각했다. 물론 병역거부자가 한국에서 양심의 자유를 침해당하고 있고 이는 엄연한 인권침해지만, 그 심각성으로 따진다면 어쨌든 현실에서는 한국의 병역거부자보다 더 열악한 처지에 놓인 전 세계의 난민이 훨씬 더 많을 거라고 생각했던 것이다. 어느새 나는 고통의 크기로 난민의 자격을 심사하려는 재판관처럼 병역거부 난민을 판단하고 있었고, 전쟁 난민 등 다른 난민보다 '덜 불쌍한' 한국의 병역거부자가 난민이 될 수 있는지 의심하고 있었다.

두 번째는 나를 포함한 앞선 병역거부자들과 난민이 되는 것을 고민하는 새로운 병역거부자들 사이의 한국 사회에 대한 감각 차이였다. 평화운동을 비롯해 사회운동 활동가들은 입만 열면 정부의 잘못과 한국 사회의 문제점을 지적하고 비판한다. 까칠하다거나 왜 그리 불만만 가득하느냐는 지청구를 주변 친구들이나 가족에게 듣는 경우도 많다. 하지만 이 나라가 아무리 '헬조선'이라고 해도 나는 이곳을 떠날 생각은 해본 적이 없었다. 이 나라가, 이 사회가 만족스러워서가 아니라 모국어가 없는 세상을 상상해본 적이 없었기 때문이다. 어디든 사람 사는 곳은 다 조금씩 모순과 문제가 있으니 지금 있는 곳에서 최선을 다해 사회를 바꿔나가는 수밖에 없다고도 생각했다. 그런데 이예다 이후 병역거부 난민을 준비하는 이들은 그런 나와 생각 자체가 달랐다. 꼭 한국에 살아야 할 이유도 필요도 없었고, 나아가 자신은 이미 한국 사회에 속해 있지 않다고 여기는 이들도 많았다.

이 사회에서 이미 비주류이자 비국민으로 자신을 감각하므로 여기를 떠나는 데도 주저함이 없는 이들을 만나면서, 자연스럽게 나와 예전의 병역거부자들이 누려온 기득권을 돌아보게 되었다. 병역거부자들이 대단한 경제적·정치적 권력을 가지고 있는 것은 아니며 당연히 성소수자도 있었지만, 대개의 경우 병역거부자는 비장애인에 대학을 졸업한 남성이었다. 나 또한 병역거부를 하면서야 비주류, 비국민이 되는 감각을 처음으로 경험했을 정도로 이 사회에서 큰 불편함 없이 살아왔다. 그런 나에게 병역거부 전부터 스스로를 소수자로 인식하는 이들의 감각은 무척 낯선 것이었다.

한편으로는 병역거부 난민을 고민하는 사람들과의 만남이 괴롭기도 했다. 자신이 누구인지 아무런 설명도 없이 다짜고짜 메일을 보내 대뜸 난민 신청에 필요한 자료를 보내달라고 요구하거나, 자신이 지금 외국 공항에 있으니 해당 국가의 인권단체 연락처를 알려달라고 메시지를 보내는 사람도 있었는데, 그들은 차라리 양반이었다. 외국으로 나갈 비행기 티켓을 전쟁없는 세상더러 사달라고 하는 사람도 있었으니 말이다. 한국 사회의 군사주의 문제에는 전혀 관심이 없는 사람도 많았고, 자신의 난민 신청에만 몰두한 나머지 전쟁없는세상을 난민 신청 서비스센터로 여기는 사람도 있었다.

한국이 사무치게 싫어서 이곳의 모든 걸 부정하는 이들과 상담할 때면 나와 전쟁없는세상, 그리고 심지어 당신 또한 당신이 그렇게 싫어하는 한국 사회의 일부라는 말이 목구멍까지 치밀어 오르기도 했다. 한국 사회에 대한 저주 같은 말들이 여기서 삶을 살아가고자 하는 사람들에게 어떻게 들릴지 생각해봤느냐고도 묻고 싶었지만 그러지는 않았다.

물론 자신의 병역거부 난민 신청과 한국 사회 군사주의 문제에 대한 진지한 고민을 바탕으로 도움을 요청해오는 사람도 많았다. 이예다처럼 자신의 난민 신청이 한국 사회가 변하는 데 조금이라도 기여하기를 바라는 사람들도 있었다. 그리고 바로 그들 덕분에 병역거부의 의미는 국경을 넘어 확장될 수 있었다. 이는 평화를 위해 감옥행을 감수하는 것만이 병역거부라고 생각하고, 그에 따라 자신은 병역거부자가 될 수 없다고 여겼던 많은 사람이 새롭게 병역거부를 고민할 수 있는 계기도 되었다.

하지만 안타깝게도 병역거부를 사유로 타국에서 난민으로 인정받은 사례는 손에 꼽을 정도로 드물다. 한국의 정치적 상황은 병역거부자의 양심의 자유를 침해하지만, 그들의 생명을 위협하는 수준은 아니기 때문이다. 난민으로 인정받은 사람은 대부분 병역거부자이면서 성소수자인 경우였다. 병역거부를 하면 감옥에 수감된다는 것에 더해 한국 사회에서 성소수자가 겪는 차별이 난민으로 인정받는 근거로 작용했다. 평화주의 신념만으로 난민으로 인정받은 이는 지금까지 이예다가 유일하다. 대체복무제까지 도입되었으니 앞으로는 병역거부를 이유로 난민 인정을 받기는 더욱 어려워질 것이다.

한편 한국 사회와 병역거부운동은 최근 들어 또 다른 형태의 병역거부 난민을 마주하고 있다. 바로 자국의 전쟁을 피해서 한국으로 떠나온 다른 나라 국적의 병역거부 난민이다. 배우가 꿈인 히샴은 예멘에서 반군에 징집되었다가 탈영해 한국으로 왔다. 예멘 내전에서 한국산 무기는 정부군과 반군 모두 사용된 정황이 파악되었다. 한국 정부는 예멘 내전에 책임이 있지만, 히샴의 난민 신청은 받아들여지지 않았다.

대한민국은 헌법과 법률로 병역거부의 권리를 보호하고 있다. 하지만 아직까지 군대와 전쟁을 피해 한국으로 온 병역거부자는 단 한 사람도 난민으로 인정하지 않았다. 그들이 전쟁을 겪고 병역거부자가 되는 데 한국의 책임이 적지 않은 경우에도 마찬가지다. 예멘 내전에 한국산 무기가 쓰인 것을 알고 있느냐고 물었을 때 히샴은 놀란 표정을 지었다. 그 표정에 우리는 어떤 책임을 져야 할까?

「병역법」이 달라졌다

아침 일찍 미용실에 들러서 머리를 했다. 기자들이 많이 올 거고, 오늘 나는 사회를 봐야 하니까 깔끔하고 단정한 모습이어야 했다. 지하철을 타고 안국역에서 내려 헌법재판소로 향하는데, 하늘이 흐린 게 비가 살짝 올 것도 같았다. 일기예보를 보니 다행히 비 소식은 없다. 구름은 금방 지나갈 것처럼 보였지만 어쩐지 사소한 것 하나까지 신경이 쓰였다.

헌법재판소 앞은 이미 많은 사람으로 북적였다. 정해진 기자회견 시간보다 일찍 와 있는 기자들, 기자회견에 함께하기 위해 온 평화활동가들과 오랜만에 보는 병역거부자들, 그리고 앞으로도 계속 병역거부자는 감옥에 가야 한다고 주장하는 사람들이 서로서로 무리를 지어 있었다. 병역거부를 반대하는 사람들 중 일부가 우리 쪽으로 다가와 일부러 시비를 걸기도 했다. "북한으로 가!"를 연신 외치는 사람들을 애써 외면한 채 우리는 차분하게 기자회견을 준비했다.

헌법재판소에서 「병역법」에 대한 위헌 여부를 결

정한다는 소식을 들은 건 불과 며칠 전이었다. 그동안 「병역법」에 대한 헌법재판소의 결정은 두 번이 있었다. 2002년, 당시 서울남부지방법원 박시환 판사는 병역거부자를 처벌하는 「병역법」 88조 1항이 헌법에 위배되는지를 묻는 위헌법률심판제청을 했다. 해당 조항은 다음과 같다.

「병역법」 제88조(입영의 기피 등) 1항
현역입영 또는 소집 통지서(모집에 의한 입영 통지서를 포함한다)를 받은 사람이 정당한 사유 없이 입영일이나 소집일부터 다음 각 호의 기간이 지나도 입영하지 아니하거나 소집에 응하지 아니한 경우에는 3년 이하의 징역에 처한다.

헌법재판소는 2004년 이 조항이 합헌이라는 결정을 내렸다. 그러나 이후 재판을 받는 병역거부자들의 헌법 소원은 계속 이어졌고, 헌법재판소는 2011년 다시 한번 「병역법」 88조 1항에 대해 합헌 결정을 내렸다. 두 번의 합헌 결정 이후에도 병역거부자들의 헌법 소원은 이어졌다. 또한 병역거부자 하급심에서 무죄 판결이 2015년 6건, 2016년 7건, 2017년 44건으로 크게 늘어나기 시작했다. 이에 따라 조만간 헌법재판소가 이 문제에 대해 결론을 내릴 것이라는 예측이 팽배해 있었다. 그리고 많은 이들이 조심스럽게 헌법재판소의 이번 결정은 병역거부권을 인정하는 방향이지 않겠느냐고 예상했다. 폭발적으로 늘어난 병역거부 무죄 판결을 무시하고 「병역법」이 헌법에 합치한다는 결정을, 다시 말해 병역거부는 여전히 불법이며 병역거부자는 예외 없이 감옥에 가야 한다는 결정을 내리기에는 헌법재판소도 부담이 있을 테니, 그런 결정을 내릴 것 같으면 아예 결정 자체를 미루지 않겠느냐는 추측이었다.

　낙관적인 기대감이 컸지만 그래도 막상 헌법재판소에서 결정이 난다고 하니 긴장되었다. 백 번을 생각해도 좋은 결과가 나올 것 같았지만 혹시 모른다는 불안감을 완전히 떨쳐버리기는 어려웠다. 그렇게 모두가 약간의 흥분과 긴장을 안은 채로 기자회견 자리를 지키며 헌법재판소의 결정을 기다렸다. 헌법재판소 안에 들어가 있던 동료들과 기자들이 이따금 재판정의 분위기를 문자로 알려주었다. 시계를 보니 선고 예정 시간인 오후 2시가 이미 지났다. 초조한 마음이 드는데 갑자기 아까 우리에게 시비를 걸었던 사람들이 모인 곳에서 환호성이 터졌다. '뭐지? 설마?' 불안감이 엄습했지만 애써 침착함을 유지하며 재판정에 들어가 있는 기자에게 발표가 났는지 물었다. 지금 발표를 하는 중인데 정확하게 무슨 의미인지 헷갈린다는 답장이 돌아왔다. 법률 용어는 원체 무슨 말인지 이해하기 어려운 데다, 박근

혜 탄핵 심판에서도 보여주었듯이 가장 중요한 결론은 보통 마지막에 말하는 경향이 있다. 선고가 끝나지 않은 상황에서 병역거부를 반대하는 사람들이 지른 환호성은 아마도 오해에서 비롯되었을 가능성이 높다고 생각하며 떨리는 마음을 진정시켰다.

이윽고 선고가 끝나고, 정리된 결론이 재판정 바깥에도 전달되었다. 헌법재판관 9명 중 6명의 헌법불합치 의견으로 「병역법」 5조 1항에 대한 최종 헌법불합치 결정. 우리는 모두 기쁨으로 웅성거렸고, 아까 환호성을 질렀던 사람들은 혼란 속에 뭐가 뭔지 모르겠다는 표정을 지었다. 기자들이 순식간에 우리를 둘러싸고 카메라 셔터를 눌러대기 시작했다.

그 결정이 내려진 다음 해 헌법재판소는 낙태죄에 대해서도 헌법불합치 결정을 내렸다. 뉴스에서 본 낙태죄폐지운동 활동가들은 그 소식을 듣고선 부둥켜안고 울고불고 난리도 아니었다. 반면 헌법재판소 정문 앞에서 똑같이 헌법불합치 결정을 이끌어낸 우리는 분명 기뻤는데도 아무도 그 기쁨을 크게 표출하거나 울지 않았다. 한국 사회에서 병역거부운동이 시작된 지 18년 만에, 전쟁없는세상 활동이 시작된 지 16년 만에 오롯이 평화운동의 노력으로 일궈낸 성과였는데 그 결과를 듣는 순간은 도리어 차분해졌다. 그 자리에 있던 다른 동료들과 병역거부자들 또한 그랬는지 우리 중 누구도 환호성을 지르거나, 감격에 겨워 울거나 하지 않았다. 보다 못한 사진기자들이 우리에게 만세를 부르든 포옹을 하든 포즈를 좀 취해달라고 요청했고, 우리는 기자들을 위해 있는 힘껏 기쁜 표정을 지으며 서로 포옹을 했다.

그날 우리는 기쁨을 표출하는 데 왜 그리 인색했을까? 알 수 없는 노릇이다. 다만 꿈보다 해몽이라는 식으로 애써 의미를 부여해보자면, 헌법재판소 결정 이후에도 병역거부운동에 남아 있는 과제가 너무 많고 또 앞으로도 쉽지 않다는 것을 감지하고 있었기 때문일지도 모르겠다. 그날의 결정은 분명 병역거부운동의 커다란 성과이며 중요하고 역사적인 사건이었지만, 세상만사가 늘 그렇듯 변화는 한 번의 거대한 이벤트로 별안간 찾아오지 않는다. 지나고 나서 보면 어느 순간 변화한 세상을 느끼지만 뒤돌아보면 그 변화가 이루어진 경계는 희미하고, 켜켜이 쌓인 세월과 여러 사람의 노력이 뒤죽박죽으로 엉켜 있다. 헌법불합치 결정 이후에도 무수한 세월과 노력을 켜켜이 쌓아가야만 진정으로 원하는 변화를 얻을 수 있다는 걸, 나와 내 동료들은 잘 알고 있었다.

그러한 예상에는 현실적으로 분명한 이유도 있었다. 사실 애초에 이번 헌법재판소 결정 자체가 병역거부운동의 앞길이 쉽지 않을 거라는 사실을 상징적으로 보여주고 있었기 때문이다. 그동안 문제가 되었던 「병역법」의 핵심 조항은 5조가 아니라 88조 1항이었다. 병역거부자는 88조 1항에 따라 "정당한 사유 없이" 입영하지 아니한 것으로 간주되어 고발당하고 처벌받았다. 무죄를 선고한 판사들의 경우 병역거부를 '정당한 사유'로 인정하면서 이 법 조항을 비껴갔다.

그런데 앞서 말했듯 헌법재판소에서 헌법불합치 결정을 내린 「병역법」 조항은 5조였다. 「병역법」 5조는 병역의 종류를 규정하는 조항이다. 현역, 예비역, 보충역 등 다양한 병역의 형태가 이 조항을 통해 구체화된다. 따라서 헌법불합치 결정의 내용은 「병역법」 5조에서 '대체복무'를 규정하지 않기 때문에 병역거부자는 대체역을 수행할 수 없고, 그 결과 병역거부자가 「병역법」을 위반할 수밖에 없게 되었으니 이것이 양심의 자유를 침해한다는 것이었다.

재판관들은 88조 1항에 대해 위헌 취지의 결정을 내릴 경우 이를 악용하는 사람들이 생길 것을 우려해 대체로 부정적이었다. 이런 상황에서 88조 1항을 손대는 것은 반대하지만 그렇다고 병역거부자를 처벌하는 것도 문제라고 생각하는 재판관들을 설득하기 위해 일부 재판관들이 새롭게 아이디어를 낸 것이 「병역법」 5조의 병역의 종류를 문제삼는 것이었다. 이 아이디어가 적중해 헌법재판관 6명의 '헌법불합치' 의견으로 최종 헌법불합치 결정이 나오게 된 것이다. '단순 위헌'으로 결정이 나지 않은 까닭은 당장 위헌 결정을 내리면 사회적 혼란이 예상된다고 판단했기 때문이다. 이에 따라「병역법」5조는 2019년 12월 31일까지 한시적으로 유지되고, 그 기간 동안 국회가 대체복무를 규정한 조항을 새로 만드는 등 관련 조항을 개정해서 대체복무제를 시행하라는 것이 결론이었다. 그렇게 해방 후 70여 년 동안 1만 9,000여 명의 젊은이를 감옥으로 보냈던 「병역법」이 비로소 바뀌게 되었다.

　1년에 수백 명씩 감옥에 가는 상황은 빠른 시일 내에 개선될 수 있었지만 처벌 조항이 그대로 유지된 건 분명한 한계였다. 그동안 양심의 자유를 처벌한 국가의 책임에 대해 논할 수 있는 기회는 또 한번 뒤로 밀렸기 때문이다. 과거 병역거부자를 강제로 징집하고 강압적으로 군사 훈련을 강요하는 과정에서 여러 사람이 죽고 다쳤는데, 그에 대한 국방부나 병무청의 책임 있는 반성 혹은 사과 또한 사회적으로 논의되지 못했다. 그러나 이를 의제화할 수 있는 분위기는 쉽게 만들어지지 않았고, 그런 상황에서 우리는 우선적으로 미래의 문제에 역량을 집중할 필요가 있다고 판단했다. 국방부의 태도나 국회의원들의 이해도를 고려한다면, 대체복무제 또한 징벌의 성격으로 도입될 가능성이 높았으므로 더욱더 앞으로의 문제에 집중하는 게 중요했다.

　헌법재판소의 결정이 있었던 2018년 6월 28일, 우리는 아무도 울지 않았고 기쁨을 표출하기에는 너무나 정신없는 상황이었다. 기자회견이 끝나고 여러 언론의 추가적인 인터뷰가 한바탕 몰아치고 난 뒤, 참여연대 2층 강당을 빌려 조촐한 파티를 했다. 병역거부자, 평화활동가, 여러 변호사와 연구자들이 모여서 병역거부운동의 승리를 축하했다. 극적인 눈물은 없었지만 우리 모두는 진심으로 기뻐했고, 밤새도록 기뻐했다. 이 기쁨이 앞으로 남겨진 과제를 해결해나갈 버팀목이 되어줄 거라고도 생각했다.

하지만 돌이켜보면 눈물 한 방울 흘리지 못한 게 여전히 조금 아쉽다는 생각도 든다. 평생을 활동가로 살아도 승리와 성공을 축하하는 순간은 몇 번 없을 텐데, 지금 생각해도 눈물에 너무 인색하지 않았나 싶다. 다음번 기회가 온다면 그때는 나도 펑펑 울어야겠다.

대체복무제가 도입되기까지

세상은 어떻게 더 좋은 방향으로 변화하는가? 누군가 그렇게 묻는다면 나는 아주 단호한 목소리로 대답할 수 있다.

"사회운동이 세상의 변화를 이끈다."

물론 사회운동은 성공할 때보다 실패할 때가 더 많다. 사회운동이 다루는 목표들은 애초에 달성하기가 쉽지 않다. 쉽게 바꿀 수 있는 문제라면 굳이 사회운동이 다루지 않아도 된다. 정당들이 주도하는 의회정치에서도 해결해나갈 수 있을 것이기 때문이다. 따라서 사회적으로 민감하게 여겨지거나 아직 사람들에게 쉽게 받아들여지지 않는 이슈를 보편적인 이슈로 만들기 위해 사람들을 설득하고, 그리하여 제도를 변화시키는 것은 확실히 사회운동의 몫이다. 당연히 성공보다 실패가 많고, 성공하기까지도 오랜 시간이 걸린다. 그 과정이 지난하고 힘들기 때문에 많은 사람이 중간에 포기하기도 한다. 하지만 분명한 것은 사회운동은 결국 세상을 변화시키는 방법을 찾아내고야 만다는 것이다. 유럽에서 여성 참정권이 보장된 것도, 미국에서 흑인을 차별하는 법 조항이 사라진 것도, 한국에서 호주제가 철폐된 것도, 장애인이 이용할 수 있는 저상버스가 도입된 것도, 대통령을 직접선거로 뽑을 수 있게 된 것도 모두 사회운동이 일궈낸 변화다.

대체복무제 도입 또한 마찬가지다. 다른 변화들처럼 이 또한 몇몇 정치인의 선의 혹은 법률 엘리트들의 시대를 앞서간 혜안으로 만들어진 변화가 아니다. 물론 국회에서 대체복무제 입법을 위해 노력한 정치인들, 국제법과 헌법을 파고들어 병역거부자가 무죄 선고를 받도록 애쓴 법조인들도 중요한 역할을 했다. 여호와의증인 병역거부자들의 존재는 정치인들이 이 문제를 외면하지 못하도록 강력한 힘을 발휘했다.

하지만 그것만으로는 부족했다. 수십 년 동안 해마다 수백 명의 여호와의증인 신자가 감옥에 수감되어도 이 문제는 사회 문제로 인식되지 않았다. 병역거부와 대체복무제 도입이 사회 문제로 논의되기 시작한 것은 병역거부운동이 시작되면서부터였다. 그리고 꾸준히 등장하는 병역거부자들이 있었다. 병역거부운동을 이끌어온 전쟁없는세상의 평화활동가들과 꾸준히 등장한 병역거부자들이 아니었다면 대체복무제 도입은 훨씬 더 먼 미래에나 가능했을 것이다.

식민 지배를 겪고 전쟁을 치른 지 100년도 지나지

않은 나라에서, 사회 전반에 군사주의가 팽배하고 여전히 북한과 군사적 대치를 이어가고 있는 나라에서 전쟁 없는세상처럼 조그만 단체가 주도하는 병역거부운동이 대체복무제 도입이라는 커다란 사회 변화를 만들 수 있었던 까닭은 무엇이었을까.

한국 병역거부운동은 시작부터 국제연대를 바탕으로 했다. 유엔을 비롯한 국제기구의 공식적인 규약이나 권고를 적극적으로 활용했고, 이는 병역거부가 인권 문제로 논의되는 것이나 법정에서의 무죄 판결을 이끌어내는 데도 영향을 미쳤다. 전쟁저항자인터내셔널War Resisters' International, WRI과 같은 국제 반군사주의 단체 활동가들과의 연대는 병역거부운동을 평화운동으로 확장시켰다. 다양한 대륙, 다양한 인종의 평화활동가들과 연대하면서 우리는 대체복무제 도입이 병역거부자의 양심의 자유를 보호하는 방법이며, 나아가 전쟁에 저항하는 직접행동이라는 것을 알게 되었다. 한국 사회는 평화 문제를 한반도 혹은 동북아시아의 질서 속에서 생각하는 경향이 있는데, 폭넓은 국제연대는 더 넓은 세계적인 구조 속에서 전쟁이 어떻게 일어나고 진행되는지를 살피게 했고, 평화운동으로 어떻게 저항할 수 있는지를 고민하게 해주었다.

병역거부운동이 대체복무제 도입이라는 변화를 만들 수 있었던 또 다른 중요한 요인은 바로 페미니즘이다. 모든 병역거부자가 페미니스트라고 할 수는 없겠지만, 병역거부운동은 페미니즘의 문제의식과 무관할 수 없다. 전쟁없는세상은 조직의 구성, 운영, 운동의 비전과 방식 등 모든 곳에서 페미니즘의 문제의식을 공유하며 성평등을 지향해왔다.

2000년, 한국에서 처음으로 병역거부운동을 시작한 오리는 그 당시 '운동 사회 성폭력 뿌리 뽑기 100인 위원회' 활동을 하고 있었다. 병역거부운동의 출발점이 오리인 것은 우연일지도 모르지만, 나는 그가 페미니스트였기 때문에 병역거부운동에 대해서도 고민할 수 있었다고 생각한다. 나와 학생운동 동료들 또한 2000년대 초반 대학가에 불었던 페미니즘의 영향을 받아 모든 사회운동이 페미니즘과 만나야 한다는 생각을 당연하게 여기고 있는 상황에서 병역거부운동을 만났다. 오리와 여옥으로 이어지는 병역거부운동 내부의 여성 리더십은 자연스럽게 남성 중심으로 전개되기 쉬운 병역거부운동에 필수적인 긴장감을 불러일으켰다. 남성 병역거부자에게만, 특정 인물에게만 이목이 집중되거나 운동의 성과가 집중되는 것을 경계하고, 소외되는 사람 없이 민주적인 방식으로 단체와 운동이 굴러가는 일에 많은 에너지를 쏟아부었기 때문에 병역거부운동은 생산적인 갈등 관계 속에서 성장해올 수 있었다.

페미니즘은 병역거부운동이 평화운동으로 자리매

김하는 데도 지대한 영향을 미쳤다. 나 역시 군사주의와 군사안보에 대한 비판의 언어를 페미니즘에서 배웠다. 군사주의는 늘 이분법을 기반으로 작동하고, 끊임없이 이분법을 강화한다. 군대에 가는 '정상적인' 사람과 군대에 갈 수 없는 '비정상적인' 사람, 아군과 적군, 보호하는 사람과 보호받는 사람, 승리와 패배. 이런 세계에서는 '정상적인' 사람(비장애인, 이성애자, 남성, 그리고 군인)이 '비정상적인' 사람(장애인, 성소수자, 여성, 이주민, 그리고 병역거부자)을 보호한다. 이것이 바로 군사주의적인 안보의식이며 이는 꼭 군대 안에서만 작동하는 것도 아니다.

예컨대 검사들이 병역거부자에게 던졌던 질문들을 다시 살펴보면, 군사주의적인 안보의식이 얼마나 뿌리 깊게 박혀 있는지 알 수 있다. 강도가 여동생을 강간하려고 할 때 어떻게 할 것이냐는 질문이나, 한국의 군사력이 약해서 일본군 '위안부' 문제가 생긴 것 아니냐는 질문에는 '지켜주는' 존재로서의 남성과 '보호받는' 존재로서의 여성이 전제되어 있다. 어떤 사람은 '보호받는 게 좋은 것 아니냐'고 생각할 수도 있지만, 스스로의 안전을 지키는 주체의 자리에는 늘 비장애인 남성이 있고 그 외의 나머지 존재들은 수동적인 자리에만 놓인다는 것은 분명 문제적이다. 게다가 보호받는 존재는 한편으로 약탈당하는 존재이기도 하다. 전쟁터에서 벌어지는 적국 여성에 대한 강간을 마치 전리품처럼 여기거나 그것이 곧 적군 군인의 남성성을 훼손하는 것으로 여기는 생각과 병역거부자에게 던지는 검사의 질문 사이는 매우 가깝다. 페미니즘의 시선으로 볼 때 우리는 그 질문에서 군대 안팎에 깊게 배어 있는 군사주의와 남성중심성을 발견할 수 있다.

대체복무제 도입은 국제연대를 통해 병역거부를 둘러싼 인권 문제를 부각시키고, 다른 한편으로는 평화운동으로 병역거부의 의미를 확장한 것, 특히 페미니즘과의 깊은 연결 속에서 병역거부운동의 철학과 비전, 운동 방식을 갈고닦아 많은 사람을 설득한 덕분이었다.

대체복무제 도입은 분명 유의미한 변화다. 그리고 우리는 이제 그 이후를 이야기해야 한다. 이 디딤돌을 밟고 어디로 가야 할까? 안보 개념의 변화, 지키는 사람과 보호받는 사람을 나누는 군사주의의 약화, 노동을 둘러싼 성별 고정관념 타파, 한반도와 동북아시아의 군사적 긴장 관계 완화 등 무엇이든 가능해 보인다. 하지만 이런 장밋빛 미래를 꿈꾸는 도중에 마주한 것은 아주 현실적인 고민이었다.

혹시 이렇게 물을지 모르겠습니다. 왜 직접행동인가? 도대체 왜 연좌농성, 가두행진과 같은 일들을 벌이는가? 협상을 하는 것이 더 나은 방법 아닌가? 협상을 요구해야 한다는 것은 전적으로 맞는 말입니다. 그리고 우리가 직접행동에 나서는 것은 바로 협상을 하기 위한 것입니다. 비폭력 직접행동은 어떤 위기를 만들어내고 긴장을 조성함으로써, 계속하여 협상을 거부하는 지역공동체로 하여금 문제점이 무엇인지 직면하도록 만들기 위한 것입니다. 직접행동은 어떤 이슈를 극적으로 표출함으로써 더 이상 그것이 무시될 수 없도록 만들기 위한 것입니다.

—마틴 루터 킹, 〈버밍엄 감옥에서 온 편지〉,
1963년 4월 16일 자 공개 서한.

전쟁없는세상을 처음 만들고 본격적으로 활동을 시작했을 때 사무국 활동가들은 모두 초보 활동가였다. 다들 학생운동을 경험하긴 했지만 병역거부라는 특정 주제의 캠페인을 이끌어가기엔 턱없이 경험이 부족했고, 사회적인 영향력도 미비했다. 그나마 병역거부자 당사자가 많은 덕에 주목을 받거나 존재감을 드러낼 때도 있었지만 딱 거기까지였다. 우리는 병역거부 당사자로서 주목받았을 뿐 병역거부에 대해 전문적인 지식을 갖고 있다고 여겨지진 않았고, 당연하게도 병역거부 문제에 대한 중요한 협상 파트너로 관련 부처에 인식되지도 못했다. 당시엔 그게 꼭 나쁜 것만도 아니었다. 특별히 책임질 게 없던 우리는 대책 없이 용감했다. 정부를 비판하는 데도, 사회운동 선배들을 비판하는 데도 거침이 없었다. 존재감이 미미하니 대안 없이 비판만 늘어놔도 대놓고 우리를 비난하는 이들도 없었다.

하지만 한 해 두 해 세월이 흐를수록 쌓여가는 경험의 두께만큼 병역거부운동에서 전쟁없는세상의 역할도 커져갔다. 당연히 우리가 느끼는 책임감도 커져만 갔다. 예전에는 아무 말이나 하고 싶은 대로 해도 딱히 그걸 귀담아듣는 사람이 없었는데, 언제부터인가 언론에서는 전쟁없는세상의 말을 기사에 인용했고 국회의원과 국방부, 법무부 같은 정부 부처에서도 곧잘 의견을 물어오기 시작했다. 마틴 루터 킹의 말처럼 병역거부자들의 직접행동은 병역 문제를 극적으로 표출함으로써 더 이상 정부도 무시할 수 없게 만들었다. 전쟁없는세상은 그 한복판에 있었으니 정부가 병역거부 문제를 주목할 때 무시할 수 없는 존재가 되었다. 이는 분명 바라던 일이었지만 한편으로는 덜컥 겁이 나기도 했다. 전쟁없는세상의 말이 활자화되거나 혹은 정부의 중요한 결정에 영향을 줄 수 있다는 건, 바꿔 말하면 우리가 잘못된 판단을 하거나 제대로 알지 못하고 말할 경우 그것이 고스란히 관련 제도에 나쁜 영향을 끼칠 수도 있다는 뜻이었기 때문이다.

2018년 6월 28일 헌법재판소의 결정 이후, 나는 특히 어느 때보다 큰 두려움을 느꼈다. 그 전까지 우리는 사법부, 입법부, 행정부와 각각 관계를 맺으며 캠페인을 펼쳐왔고, 가끔씩 부분적으로 협력하긴 해도 대체로 우리는 문제를 제기하고 국가는 답변을 하는 관계였다. 다시 말해 전쟁없는세상은 시스템 바깥에서 시스템을 비판하는 입장이었다. 그런데 헌법재판소의 결정으로 병역거부가 법적인 인정을 받게 되면서 상황은 확 바뀌었다. 우리는 예전과 똑같이 국회의원을 만나고, 국방부나 병무청 관계자를 만났지만 논의하는 내용은 확연히 달라졌다. 이제는 원론적인 차원의 비판을 넘어서 현실적이고 구체적인 제도적 대안에 대해서 이야기해야 했고, 그것은 병역거부운동을 주도적으로 이어온 전쟁없는세상이 해야만 하는 일이기도 했다.

개인적으로 가장 어려운 점은 우리의 결정과 선택

이 병역거부자들의 삶에 직접적인 영향을 끼칠 수 있다는 것이었다. 물론 혼자 결정하는 건 없고, 뛰어나고 훌륭한 동료들과 의견을 나누며 부담감이 덜어지지만, 내게는 그 줄어든 부담감조차 충분히 버거웠다. 예전에는 정치적으로, 도덕적으로 옳은 이야기를 하는 것만으로 우리의 책임을 다했다고 생각했는데, 우리의 말 한마디가 수백 명 병역거부자의 삶에 영향을 끼칠 수 있는 상황이 되자 우리가 감당해야 하는 책임감의 무게도 달라졌다. 이런 상황에서 활동가들은 늘 갈등할 수밖에 없다. 운동의 가치를 지키는 일은 때로 당사자들의 추가적인 희생을 초래하기도 하는데, 그럴 경우 어떤 선택을 할 수 있을지, 어떤 선택을 하든 과연 내게 그러한 권한이나 권리가 있는지를 끊임없이 반문하게 된다.

구체적으로 예를 들자면 이런 상황이다. 전쟁없는 세상은 오랫동안 지속적으로 유엔 등 국제기구와 국제인권단체들이 제시해온 기준대로 대체복무 기간이 군복무 기간보다 1.5배(27개월) 이상으로 길면 인권침해라는 주장을 해왔다. 그런데 국방부는 군복무 기간의 2배(36개월)를 주장했고, 그러자 절충안으로 약 1.7배(30개월)로 정하자는 이야기가 나왔다. 이럴 때 우리는 어떻게 해야 할까? 그동안 주장해온 원칙을 지키며 1.7배 절충안을 거부해야 하는가? 병역거부 당사자들, 특히 한국에서 병역거부자의 대다수를 차지하는 여호와의증인 신자들이 1.7배의 기간도 상관없다고 한다면? 그런데도 우리가 괜한 원칙을 고수하다가 협상만 결렬되어 국방부의 주장대로 대체복무 기간이 36개월로 정해지면 오히려 문제 아닌가? 그렇다고 지금껏 해온 원칙과 주장을 마치 없던 일처럼 무시해도 되나? 이와 비슷한 문제는 너무나도 많았다. 대체복무제도와 관련해 산적한 문제섬을 개선하는 네 무엇을 우선적으로 고려해야 할지, 어떤 문제는 양보할 수 없고 어떤 문제는 뒤로 미룰 수 있는지를 누가 정할 수 있을까?

단체의 결정이 앞으로의 수많은 병역거부자에게 영향을 끼친다는 부담감에 비할 바는 아니었지만, 전쟁없는세상의 위상이 올라가면서 달라진 사회적 위치도 무척 낯설고 어려웠다. 대체복무제 관련 법안을 만들고 시행령을 만드는 과정에서 전쟁없는세상의 요구가 전부 받아들여지는 건 아니지만, 적어도 국방부나 국회는 전쟁없는세상을 비롯한 시민단체들의 목소리를 무시하지는 못했다. 대체역심사위원회의 심사위원 또한 전쟁없는세상의 추천으로 대거 선정되었다. 이제 우리는 더 이상 시스템의 외부에 위치하는 존재가 아니라 시스템에 한 발 걸친 자리에 위치하게 된 것이다. 사실 어떻게 보면 이것이 바로 운동의 성과이고, 실질적인 변화를 이끌어내기 위해서라도 사회운동은 시스템에 적극 개입해야 할 필요가 있다. 원론적으로는 어렵지 않은 문제인데, 세상 모든 문제가 그렇듯 현실은 늘 애매모호하고 명쾌하지 않다.

대체복무는 결국 36개월 동안 교정시설에서 합숙복무를 하는 것으로 정해졌다. 현역군인 복무 기간의 2배에 이르는 한국의 대체복무 기간은 세계에서 가장 긴 대체복무로, 이 자체가 징벌적이라며 유엔 등 국제기관의 시정 권고를 받을 가능성이 매우 높다. 복무 영역을 교정시설로 못 박은 것도 대체복무제를 통해 의료, 복지, 재난 지원 등 다양한 사회 공적인 영역의 공백을 메운 다른 나라의 사례에 비춰보면 많이 아쉬운 게 사실이다. 또한 한국은 입대 전과 전역 후 예비군 훈련에 대해서만 병역거부를 인정하고 있는데, 현역군인의 병역거부권을 인정하지 않는 것은 명백한 양심의 자유 침해이고, 예비군 병역거부자와의 형평성에도 어긋난다.

대체복무를 신청하고 심사를 받는 과정에서도 크고 작은 문제가 드러났다. 사실상 동의서로 기능하는 부모의 진술서를 제출해야 한다거나, 심사 과정에서 양심적 병역거부에 대한 이해도가 낮은 조사관과 심사위원이 인권침해적인 질문을 하는 상황이 발생하기도 했다.[*] 커다란 문제들만 뽑아도 이 정도고, 실제로 법과 제도가 시행되는 과정에서 발생하는 자잘한 문제는 더 많다. 이 문제를 지적하고 개선해가는 과정 또한 여러 딜레마를 맞닥뜨릴 것이다.

물론 이런 고민이 병역거부운동만의 것은 아니다. 단체협약 타결을 눈앞에 둔 노동조합의 활동가, 각종 인권 관련 법률제정운동을 해오며 입법의 마지막 고비만을 남겨놓고 법안 통과라는 현실과 통과시키기 위해 포기해야 하는 조항 사이에 놓여 있는 인권활동가, 피해 보상을 주장하며 기업이나 국가와 오랜 기간 싸우다가 요구 조건의 상당 부분이 수용되지만 어떤 조건은 포기해야 하는 상황에 놓인 당사자운동의 활동가 등 모두가 비슷한 고민을 할 것이다. 현실적인 한계와 운동의 가치 사이에서 활동가의 권한과 책임을 고민하고, 운동의 방향과 의미를 고민하고, 단체의 결정이 영향을 끼칠 당사자들의 삶을 고민할 수밖에 없다.

오랫동안 병역거부운동을 펼쳐온 전쟁없는세상은 그 세월의 무게만큼 영향력과 책임을 동시에 가지게 되었다. 나는 늘 병역거부 이슈에 대해 전쟁없는세상의 목소리가, 활동가들의 역할이 사회적으로 커지는 상황을 바라왔는데, 막상 그리되고 보니 생각보다 힘들고 어렵고 두려운 위치에 서게 되었다는 사실을 실감한

---

*　심사 과정에서의 문제점은 개선되는 중이다. 부모의 진술서는 필수서류 목록에서 제외됐고, 아예 제출서류 목록에서 제외하는 것도 검토 중이다. 또한 조사관이 숙지해야 할 매뉴얼도 만들어졌다.

다. 현 시점에서 내가 할 수 있는 일은 이 과정을 옳고
그름의 문제가 아니라 선택과 집중의 문제라고 생각하
는 것이다. 견디고 결정하고 책임져야 한다는 것을 잘
알고 있다. 참아야만 하는 존재의 무거움 혹은 책임감
을 이겨내는 것도 내 월급에 포함되어 있을 테고, 대체
복무제 도입 이후 겪는 어려움에 이런 부담감만 있는
것도 아니었다. 사실 난이도가 더 높은 문제는 따로 있
었다.

'가짜' 병역거부자, '가짜' 난민, '가짜' 트랜스젠더?

대체복무제 노입은 병역거부운동의 끝이 이니라 시작이다. 내가 생각하는, 혹은 이루고 싶은 병역거부운동의 목표는 병역거부자가 감옥에 가지 않는 데서 그치는 게 아니라, 병역거부를 통해 전쟁을 중단시키거나 전쟁이 일어나지 않도록 하는 것이다. 다시 말해 병역거부운동은 평화운동과 연결되어 있다. 그런데 막상 대체복무제가 도입되고 보니 이건 분명 시작은 시작인데 끝과 시작이 애매하게 뭉개듯 포개어져 있어 끝인지 시작인지 헷갈리는 풍경이었다. 새것이 오지 않았는데 낡은 것은 여전한 상황에서 운동은 낡은 것에 대항하는 일과 새것에 대해 말하는 일을 동시에 해야 했다.

　　여전히 병역거부자는 감옥에 가야 한다고 생각하는 이들은 새로운 시대에 낡은 풍경을 연출한다. 대체복무제 도입 결정 전에 이미 재판을 받고 있던 병역거부자들의 재판이 재개되었고, 이 재판에서도 검사의 심문내용은 20년 전과 별반 다르지 않았다. 달라진 것이라면 과거에는 "강도가 당신의 가족을 해하려 할 때 폭력으로 저항하지 않을 것인가?"라는 질문이 "1980년 광주 민주화운동 당시 시민군의 무력저항을 어떻게 생각하는가?"라는 질문으로 바뀐 것뿐이다. 사실 이 두 가지는 똑같은 질문으로 봐도 무방하다. 질문의 목적이 여전히 병역거부자의 양심을 훼손해 병역거부의 정당성을 공격하려는 것이기 때문이다. 병역거부자가 무어라 대답하든 검사의 결론은 정해져 있다. 폭력을 인정하면서 비폭력주의라고 말하는 비양심적인 사람이 되거나, 도덕적·정치적으로 문제 있는 사람이 되는 것이다.

양심을 검증한다는 명목으로 양심을 훼손하는 일은 늘 다양한 방식으로 일어났다. 그러나 가장 아이러니한 것은 이제 양심 앞에 '가짜'라는 말이 붙게 되었다는 것이다. 헌법재판소 결정 이전의 병역거부자들은 감옥에 갈지언정 그 양심의 진위를 의심받지는 않았다. 감옥에 가는 걸 뻔히 알고도 선택한 이들인 만큼 의심의 여지가 없었던 것이다. 누가 양심을 빙자해서 감옥에 가려 하겠는가. 따라서 병역거부에 반감을 가지거나 대체복무제 도입을 반대하던 사람들도 병역거부 자체를 반대할 뿐, 병역거부자의 양심이 가짜라거나 거짓이라고 의심하진 않았다. 나도 병역거부를 했다고 무수한 욕을 먹긴 했지만, 한 번도 가짜 병역거부자라거나 가짜 양심이라는 소리를 듣지는 않았다.

그런데 헌법재판소의 결정 이후, 다시 말해 병역거부가 더 이상 불법이 아니고 병역거부자가 감옥에 가지 않고 대체복무를 할 수 있게 되면서부터 '가짜 양심'이라는 말이 등장했다. 헌법재판소 결정 전에 병역거부를 선언해 이미 재판이 진행 중이던 병역거부자들의 재판이 재개되자 이들은 재판 과정에서 끊임없이 양심의 진위를 의심받았다. 결국 유죄를 선고받고 감옥에 갇힌 병역거부자도 있다. 차라리 병역거부를 선언하고 바로 구속되었다면 적어도 양심이 가짜라는 의심은 받지 않았을 텐데, 더 이상 병역거부가 불법이 아니게 된 상황에서는 이들의 양심이 판사에 의해 가짜로 판단될 수 있었다. 헌법불합치 결정 전에 이미 감옥 갈 마음으로 병역을 거부한 것은 재판에서 고려되지 않았다.

대체복무제 도입 이후 입영 통지서를 받고 병역을 거부하는 사람들은 이제 재판 대신 대체역심사위원회를 통해 양심이 진실한지 아닌지를 심사받는다. 대체역심사위원회의 심사 과정은 재판 과정보다는 부드럽게 진행되지만, 그것과 별개로 양심이 가짜인지 아닌지를 의심받는 건 똑같다. 군복무 기간보다 2배나 긴 대체복무를 대체 누가 양심을 들먹이며 선택하겠느냐고 항변해봐도 소용없다. 결국 병역거부자는 전과자가 되지 않을 '기회'를 부여받은 대신 끊임없이 자신의 양심을 의심받는 상황이 된 것이다.

이는 검사와 판사를 비롯해 한국 사회가 아직까지도 개인의 양심에 대해 진지하게 고민하지 않기 때문이지만, 다른 한편으로는 개인의 사상, 신념, 정체성을 국가나 사회가 심사하고 재단하고 판단하는 것에 대한 문제의식이 없기 때문이기도 하다. 이는 비단 병역거부자에게만 영향을 미치지도 않는다. 가령, 난민 문제만 해도 그렇다. 2018년 제주도에 예멘 난민이 도착했을 때 한국 사회는 난민 이슈로 뜨겁게 달아올랐다. 난민 문제에 별다른 지식이 없던 나는 예멘 난민을 계기로 한국에서의 난민 심사절차와 그 과정에서 난민들이 받는 질문들을 알게 되었고, 이를 통해 그동안 난민들이 어떤 상황에 처했고 어떤 대우를 받았는지도 조금이나마 알게 되었다. 그리고 놀랍게도 난민 심사 과정은 병역거부자의 재판 과정과 너무나 닮아 있었다.

존재 자체가 증거인 사람을 앞에 두고 국가와 사회는 증거를 요구한다. 급박할 수밖에 없었을 탈출 과정을 거쳐 이곳에 온 난민에게 난민인 증거를 내놓으라 하고, 존재론적 사유인 평화주의 양심을 이유로 병역을 거부하는 병역거부자에게 양심의 증거를 내놓으라 한다. 두 경우 모두 물성을 가진 증거 자체가 존재하기 어렵다. 결국 난민과 병역거부자는 손쉽게 '가짜'라는 프레임으로 비난받는다. 심사 또한 '가짜'라는 전제를 두고 이루어진다. 입증책임을 오롯이 개인에게 부과

한 채, 국가와 사회는 색안경을 끼고 '어디 네가 가짜가 아니라는 걸 증명해봐'라는 태도로 심사에 임한다.

독일의 극작가이자 시인인 베르톨트 브레히트의 시 중에는 〈민주적인 판사〉라는 시가 있다. 그 시에는 시민권 심사를 담당하는 판사와 심사를 받으러 온 이탈리아 출신 식당 주인이 나온다. 판사는 시민권 심사의 모든 질문에 "1492년"이리고 대답하는, 영어를 모르는 이탈리아 출신 식당 주인을 세 번 돌려보내지만 노동을 하며 어렵게 사느라 새 언어를 배울 수 없는 그의 처지를 알고 나서 질문을 바꾼다. 아메리카가 언제 발견되었느냐는 질문을 던져 그가 시민권 심사를 통과하게 한 것이다. 이 시가 말하는 것처럼 민주주의 사회의 고민은 응당 누구를 배제할 것인지가 아니라 우리가 어떻게 더불어 살 수 있을 것인지를 향해야 한다. 그런 면에서 병역거부자와 난민을 대하는 국가기관의 태도는 민주적이지 않다.

나는 국가가 한 사람의 존재나 권리를 멋대로 재단하는 사례를 더 찾아보고 싶었다. 그러한 고민을 SNS에 남겼더니 공익인권변호사모임 희망을만드는법(희망법)의 한가람 변호사가 트랜스젠더의 성별 정정 심사와 관련해 의견을 나눠주었다. 대체복무 신청과 달리 성별 정정 심사에서 부모의 진술서는 필요 없지만, 심사 과정은 권리의 보장이 아니라 국가가 개인에게 시혜를 베푸는 것처럼 진행된다는 것이었다. 그는 또한 군사주의가 성별 정정 심사 과정에 어떤 영향을 미치는지도 함께 이야기해보면 좋겠다는 말을 덧붙였다.

그렇게 병역거부자 심사와 난민 심사, 트랜스젠더 성별 정정 심사의 유사점과 차이점을 더 자세하게 알아보고자 세 주체가 한데 모이는 자리가 마련되었다. 2020년 세계병역거부자의 날인 5월 15일을 이틀 앞두고 열린 그 토크쇼의 이름은 '그런 난민 병역거부자 트랜스젠더는 없다'였다. 난민인권센터, 소수자난민인권 네트워크, 희망법과 함께 준비했고, 같은 주제로 현실을 풍자하는 콩트도 만들었다.* 해마다 세계병역거부자의 날이면 대체복무제 도입을 주장하며 거리행진을 했었는데, 이제는 상황이 바뀐 만큼 심사 과정을 비판적으로 살펴보는 기획은 시기도 내용도 딱 맞아떨어졌다.

행사를 준비하는 과정에서 각각의 사례를 비교하고 살펴보며 공부하던 우리는 각각의 심사를 관통하는 하나의 기준을 발견할 수 있었다. 나는 그것을 '정상성 이데올로기'라고 부르고 싶다. 난민, 병역거부자, 트랜스젠더가 맞닥뜨리는 심사는 모두 정상적인 것과 그렇

---

*   이 행사의 영상은 유튜브 채널 연분홍TV와 전쟁없는세상에서 볼 수 있다.

지 않은 것을 구분하고, 정상성에서 벗어나는 성질을 배제하는 방식으로 작동했다. 여기서 말하는 '정상성'은 그 자체로 정체성이면서 권력이다. 남성, 비장애인, 이성애자처럼 사회의 보편이라 여겨지는 성질은 '정상'이라고 간주된다. 반면 여성, '남자답지' 못한 남성, 성소수자, 장애인, 이주민 등은 '정상'에서 탈락한 이들이다. 이들은 때로는 난민이고, 병역거부자고, 트랜스젠더였다.

심사는 이들의 권리를 보장하거나 이들을 온전한 모습 그대로 시민으로 인정하는 것이 아니라, 사회적으로 '온전하다'고 여겨지는 모습에 이들을 끼워 맞추는, 다시 말해 이들을 '정상성의 세계'에 편입시키는 과정으로 진행되었다. 이 심사는 국가기관이 법의 이름으로 시행하기도 하지만 때로는 사회가 상식의 이름으로 수행하기도 한다. '상식'을 벗어난, '정상적'이지 않은 성질을 받아들이지 못하는 사회는 그런 사람들에게 '가짜'라는 딱지를 붙인다. '정상성'은 심사의 기준이 되는 동시에, 심사 과정을 통해서 그 지위를 더욱 견고하게 강화했다.

또한 정상성 이데올로기는 군사주의가 작동하는 방식과도 닮아 있다. 군사주의는 세상을 둘로 나누는 데 익숙하다. 적군 아니면 아군, 전쟁 아니면 평화, 승리 아니면 패배가 군사주의의 세계다. 이는 정상성 이데올로기가 세계를 정상과 비정상으로 나누어 인식하게 하는 것과 같은 방식이다.

이러한 군사주의는 국가주의, 가부장제, 성차별주의와도 밀접하게 영향을 주고받으며 작동한다. 예를 들어 전쟁이 발생하면 남성들은 강제로 징집되어 전투를 수행하는 식으로 착취당하고, 여성들은 군부대 근처의 성매매 밀집 지역에서 남성 군인들에게 성 착취를 당한다. 남녀 모두 가난한 이들이 더 많은 착취를 당한다는 면에서 공통점이 있지만, 착취의 원인과 남성과 여성이 착취당하는 양상의 차이에는 국가주의와 가부장제, 그리고 성차별주의가 작동하고 있다. 소수자들의 정체성을 심사하는 국가의 심사제도 또한 마찬가지다. 트랜스젠더는 성별 정정 심사에서 외모나 행동이 기존의 주민등록상 성별과 일치한다는 이유로 조롱당하고, 병역거부자는 국가의 부름에 답하지 못하는 '남자답지' 못한 겁쟁이라고 비웃음을 산다.

국가가 병역거부의 양심을 심사하는 과정은 정상성 이데올로기와도 뿌리 깊게 연결되어 있다. 나는 이를 난민운동, 성소수자운동과 함께하면서 확실히 깨달았다. 이는 병역거부의 사회적 의미와 반군사주의운동의 영역을 더욱 확장하고 싶었던 우리에게 무척 반가운 발견이었다. 하지만 여전히 질문은 남아 있다. 병역거부운동이 난민운동과 만나고 성소수자운동과 만날 때,

함께하는 우리는 구체적으로 무엇을 해야 할까? 무엇을 할 수 있을까?

대체복무제라는 출발점

2001년 오태양이 병역거부를 선언한 이후로 20년이 지났다. 20년의 세월 동안 내가 만난 병역거부자들의 면면도 한층 다양해졌다. 과거에는 학생운동이나 사회운동을 하는 활동가들이 주축을 이뤘지만 시간이 지날수록 운동권과 거리가 먼 사람들도 병역을 거부하기 시작했다. 병역거부를 하는 이유도 다양해졌다. 당연히 모든 병역거부자가 비폭력주의자나 평화활동가도 아니다. 사실상 군대를 거부했다는 것만이 병역거부자들 사이의 공통점이다.

전쟁없는세상은 한국의 대표적인 병역거부운동 단체다. 나는 전쟁없는세상 창립 멤버 중 하나였고, 중간에 출판사에서 일했던 몇 년을 빼면 줄곧 전쟁없는세상이 내 직장이었다. 전쟁없는세상이 꾸준히 해온 활동 중 하나는 병역거부자 상담이다. 언론에 한 번이라도 이름이 언급된 병역거부자는 모두 전쟁없는세상을 거쳐갔다. 하지만 이러한 상황도 최근 들어 달라지고 있다. 출소한 병역거부자들의 이야기를 들어보면, 여호와의증인이 아니면서 전쟁없는세상과도 일면식이 없는 병역거부자를 감옥에서 만난 경우가 종종 있다. 아마도 이제는 굳이 전쟁없는세상을 찾아오지 않더라도 병역거부에 필요한 정보를 충분히 찾을 수 있고, 병역거부의 이유도 너무나 다양해졌기 때문일 것이다. 이처럼 병역거부의 이유도 방법도 달라지고 병역거부자의 숫자도 늘어나면서 전쟁없는세상과 다른 지향을 가지는 병역거부자도 많아졌다.

전쟁없는세상은 모든 병역거부자를 지지하고 그들의 양심을 존중한다. 다만 그것과 별개로 전쟁없는세상이 지향하는 병역거부운동의 목표는 이것이다. 지금 당장 전쟁을 중단시키거나, 전쟁이 일어나지 않게 하기 위해 군사주의를 약화시키는 것. 전쟁없는세상이 지향하는 병역거부는 이 명확한 목표를 달성하기 위한 방법으로서의 행동이다. 전쟁없는세상의 병역거부운동이 대체복무제 도입에서 멈출 수 없는 것도 바로 그 때문이다. 대체복무제가 한국 사회의 군사주의와 군사안보 이데올로기를 약화시키는 데 기여하지 않는다면, 대체복무제 도입이라는 병역거부운동의 성과는 반쪽짜리가 될 것이다. 물론 반쪽짜리가 되지 않기 위해 노력하고 있으며 나아가 장기적으로 대체복무제가 자리잡은 이후의 병역거부운동에 대해서도 고민하고 있다.

해외 사례를 살펴보면 대체복무제 도입이 반군사

주의운동의 약화로 이어지는 경우가 많았다. 한국보다 앞서 대체복무제를 도입한 나라에서 평화활동가들의 고민은 '더 많은 사람이 군대에 가는 대신 대체복무를 하게 된다면 그 자체로 좋은 일이지만, 대체복무의 문이 넓어질수록 기존의 병역거부가 드러냈던 전쟁에 저항하는 시민불복종의 의미는 사라진다'는 것이었다.

한국에도 여러 차례 방문하며 한국의 병역거부운동에 연대했던 안드레아스 스펙(전 전쟁저항자인터내셔널 활동가)은 독일의 대체복무제 도입에 대해 "(반군사주의 관점에서) 아무런 정치적 성과도 얻지 못했다"라고 혹평한 바 있다. 그의 말에 따르면, 독일이 2011년에 징병제를 중단한 이유는 통일 이후 안보 상황의 변화로 더 이상 대규모 군대를 유지할 필요가 없어져서였을 뿐 해마다 10만 명이 넘는 병역거부자의 존재는 징병제 중단에 아무런 영향을 끼치지 못했으며, 병역거부는 대체복무의 사회적 효용성 때문에 오히려 징병제 연장에 기여한 측면이 있다. 나아가 그는 대체복무제 도입 이후 병역거부 과정에서의 심사절차가 단순 신청으로 바뀌면서 병역거부가 대중화되고, 대체복무가 민간서비스처럼 인식되면서 병역거부라는 행위가 탈정치화되었다고 분석했다.[*]

대체복무제의 모범 사례로 자주 다뤄지는 독일의 사례가 반군사주의 관점에서는 실패한 것이라는 이야기를 처음 접했을 때는 무척 놀랐지만, 어떤 맥락인지도 금세 이해가 갔다. 대체복무제 도입은 군사주의 약화라는 병역거부운동의 목표와 사실상 큰 상관이 없다는 이야기일 것이다. 그러나 한국의 상황은 독일과 다르다. 독일은 제국주의 국가였고 한국은 피식민지의 경험을 가진 나라다. 분단 이후에도 독일과 다르게 한국은 전면전을 경험했으며 통일된 독일과 다르게 여전히 분단 상황이고, 심지어 법적으로 전쟁도 완전히 끝나지 않은 상태다. 그 때문에 사회적으로도 강한 군사력이 평화를 지킨다는 생각이 훨씬 널리 퍼져 있다. 이런 사회라면 대체복무제 도입은 독일의 경우와 달리 한국 사회에서는 강력한 군사주의를 약화하는 데 기본적인 역할을 할 수도 있다.

그럼에도 대체복무제 도입 이후 병역거부라는 행위 자체가 드러내는 사회적 의미가 달라질 것이라는 예측은 크게 빗나가지 않을 듯하다. 과거에 병역거부가 강력한 정치적 메시지를 던질 수 있었던 건 그것이 감옥에 가면서까지 저항하는 시민불복종이었기 때문이다. 군대를 거부하고 감옥에 간다는 사실만으로도 병역거부는 정치적이고 상징적인 행동이 될 수 있었다. 하

*   전쟁저항자인터내셔널, 《병역거부: 변화를 위한 안내서》, 여지우·최정민 옮김, 경계, 2018, 204쪽.

지만 대체복무제 도입 이후 대부분의 병역거부자는 더 이상 감옥에 가지 않는다. 즉, 병역을 거부하면 전과자가 되었던 과거와 달리 법적인 인정 이후의 병역거부는 정치적인 메시지가 휘발되고 단지 '개인의 선택'이라는 사적인 영역의 문제로 받아들여질 가능성이 높다.

이처럼 병역거부에 대한 사회적 인식이 탈정치적으로 변화한다는 것은 앞으로 등장할 병역거부자의 상당수도 이전보다 탈정치화될 것이라는 점을 예상하게 한다. 이는 분명한 사회의 진보이지만, 병역거부운동을 이어나가는 입장에서 보자면 병역거부의 사회적 의미나 성격이 달라지는 상황이 병역거부운동에 끼칠 영향을 생각하지 않을 수 없다.

그렇다면 대체복무제 도입 이후에도 군사주의에 저항하는 평화운동으로 병역거부운동이 지속되기 위해서는 어떤 질문이 필요할까? 앞에서 이야기한 것처럼 난민운동, 성소수자운동을 만나며 군사주의에 대해 새롭게 깨닫는 것도 생겼지만 여전히 추상적이다. 안 그래도 늘 뜬구름 잡는 운동이라고 오해를 사고는 하는 평화운동인데, 이런 오해를 벗어던질 만큼의 구체적인 메시지는 아직 정리되지 않았다. 당장은 이제 막 시작된 대체복무제의 부족한 점을 보완하고 개선하는 일, 즉 대체복무제가 한국 사회에 잘 안착하도록 감시하는 일을 열심히 하면 된다. 하지만 그 뒤에는 무엇을 해야 할까? 대체복무제가 사회적·문화적으로도 인정받게 되고, 그래서 앞으로 많은 사람이 부담 없이 병역거부를 결심하는 상황이 된다면, 그때도 군사주의와 전쟁에 저항하는 평화운동의 유효한 실천으로 병역거부가 이어지기 위해서 우리는 어떤 구체적인 목표와 계획을 세워야 할까? 다시 말해 여전히 병역거부가 한국 사회의 군사주의를 약화시키고 군사안보 이데올로기를 비판하는 실천이 되려면, 병역을 거부하는 한 개인의 목소리가 사회적으로도 의미 있는 목소리가 되고 사회 변화로 이어지려면 무엇이 필요할까?

솔직히 말하자면 아직 잘 모르겠다. 그래서 다시 한번 우연을 기다려본다. 병역거부라는 말을 만나고, 병역거부운동을 만났던 20년 전의 그러한 우연이 다시 찾아와주기를. 우연을 기대하는 건 결코 노력을 게을리하는 걸 의미하지 않는다. 우연은 아무에게나 찾아올 수 있지만 그것을 기회로 붙잡는 건 평소에 준비가 되어 있는 사람뿐이기 때문이다. 우연은 하늘의 일이지만 그것을 필연으로 만드는 건 사람의 일이다. 그러니 평화운동가로서 내가 할 일은 지금 할 수 있는 일을 하며 우연이 찾아올 때를 기다리되 필연으로 만들 준비를 부지런히 하는 것뿐이다. 대체복무제 도입 이후에도 우리의 평화운동은 계속 이어질 것이며, 당신의 자리도 늘 마련되어 있다.

2001년, 병역거부자 오태양의 등장은 병역거부를 보편적인 시민권의 문제로 인식하게 했다. 이후 36개 시민사회 단체가 모여 결성한 '양심에 따른 병역거부권 실현과 대체복무제도 개선을 위한 연대회의'는 초기 병역거부 운동을 이끌어갔다. 사진은 연대회의 창립 기자회견에서 발언하는 오태양의 모습. ⓒ전쟁없는세상

병역거부가 사회적 이슈로 떠오른 2002년, 대학가에서도 열띤 논쟁이 이어졌다. 많은 대학교에서 병역거부 관련 강연과 토론회가 이어졌고 몇몇 학생회는 병역거부 캠페인에 적극적으로 동참하기도 했다. 이화여자대학교 총학생회는 2002년 병역거부를 지지하는 기자회견을 열었고 이로 인해 많은 공격을 받았다. 사진은 당시 기자회견의 모습. ⓒ전쟁없는세상

2003년, 강철민 이등병은 백일 휴가를 나와 이라크 파병 반대를 외치며 병역을 거부했다. 현역군인의 이 같은 선언은 병역거부가 반전평화운동이라는 사실을 직접적으로 드러냈다. 사진은 강철민의 병역거부선언 기자회견 모습. ⓒ전쟁없는세상

2003년 5월 15일, 병역거부자들과 평화활동가들이 함께 만든 전쟁없는세상의 등장은 병역거부운동에 평화주의 목소리를 더하는 시작이었다. 이후 전쟁없는세상은 병역거부운동의 새로운 구심점이 되었다. 사진은 2004년, 군인들의 이라크 파병 대신 병역거부자들을 민간평화봉사단으로 보낼 것을 주장하는 전쟁없는세상의 국회 기자회견 모습. ©전쟁없는세상

2005년, 혜화역 4번 출구 앞에서는 한국 병역거부 수감자들의 현황을 알리는 거리 캠페인이 진행되었다. 이 캠페인에는 병역거부자, 전쟁없는세상 활동가, 평화활동가, 민가협 어머니 들이 참여했다. ©전쟁없는세상

2008년 미국산 소고기 수입 반대와 한미 FTA 반대 집회에서 강제진압 명령을 받은 이길준은 복무 중 병역을 거부한 뒤 신월동 성당에서 농성을 했다. 이는 강철민에 이어 두 번째로 현역군인이 선택적 병역거부를 한 사건이었으며, 당시 이명박정부에 비판적인 시민들에게 큰 지지를 받았다. 농성 종료 후 이길준은 경찰에 자진 출두하여 재판을 받고 구속 수감된다. 사진은 병역거부선언 기자회견장에서 전경복을 벗는 이길준의 모습(위)과 신월동 성당 농성을 마무리하는 기자회견의 모습(아래). ©전쟁없는세상

전쟁없는세상은 병역거부 캠페인에 이어 전쟁 무기를 사고 파는 군수산업체에 저항하는 캠페인을 시작했고, 2009년부터는 확산탄(집속탄) 생산과 판매의 문제점을 한국 사회에 알리기 시작했다. 사진은 2009년 12월, 한국의 확산탄 금지 협약 가입을 촉구하는 신호등 캠페인 모습. ©전쟁없는세상

2013년, 확산탄을 생산하는 한화와 풍산의 대주주가 국민연금공단이라는 점을 지적하며 확산탄 제조기업 투자 철회를 촉구하는 캠페인을 펼쳤다. 사진은 2013년 여의도에 있는 국민연금공단 건물 앞에서 투자 철회 촉구 캠페인을 진행하던 때의 모습. ©전쟁없는세상

2010년부터 민주화운동이 시작된 바레인은 정부의 무차별적인 최루탄 살포로 수십 명이 사망했다. 바레인에 가장 많은 최루탄을 수출하는 국가가 한국이라는 사실을 알게 된 전쟁없는세상과 여러 평화단체는 최루탄 수출 금지 캠페인을 펼쳤고, 그 결과 추가 수출을 막는 성과를 거뒀다. 사진은 2014년 한국을 찾은 바레인의 활동가들과 국내 평화단체 활동가들이 함께 한국산 최루탄 수출 중단을 요구하는 국회 기자회견 모습. ©전쟁없는세상

병역거부자들과 평화활동가들은 전쟁을 지속시키는 중요한 축이 무기산업이라는 것을 인식한 뒤 무기거래를 반대하고 감시하는 활동에 나섰다. 특히 2년마다 개최되는 동아시아 최대 규모의 무기 박람회 서울아덱스를 반대하는 캠페인을 펼쳐오고 있다. 사진은 2015년 비즈니스데이(박람회 기간 중 무기상인과 바이어가 미팅을 하고 실제 거래가 이루어지는 시기)에 전쟁으로 죽은 사람들을 애도하고 무기상인을 비판하는 퍼포먼스 액션을 하는 모습. ⓒ전쟁없는세상

우리는 평화가 무엇인지 질문합니다
우리는 예비군 훈련을 거부합니다

김형수, 이상, 조성현 예비군 훈련 거부 선언 기자회견
일시 2016. 11. 23. 수 오전 11시 장소 국방부 앞

시간이 흐르며 병역거부의 사유뿐만 아니라, 병역거부의 형태도 점점 다양해졌다. 2010년에 이르러 난민으로 한국을 떠나는 것을 선택하는 병역거부자도 등장했고, 2010년대 중반에는 예비군 훈련 거부자도 등장했다(여호와의증인 예비군 훈련 거부자는 예전부터 있었다). 사진은 2016년 예비군 훈련 거부를 선언하는 3인(김형수, 이상, 조성현)의 국방부 앞 기자회견 모습. ©전쟁없는세상

2017년에도 서울아덱스를 반대하는 시위는 계속되었다. VIP(각국의 무기획득 관계자들) 환영 행사가 열리는 호텔에서 기습 시위를 진행하고(위), 퍼블릭데이(일반 관람객들이 전시를 구경하고 여러 체험을 할 수 있는 시기. 가족 단위 관람객이 많다)에는 무기 박람회의 본모습을 알리는 캠페인을 진행했다(아래). ©전쟁없는세상

5월 15일은 전쟁저항자인터내셔널이 지정한 세계병역거부자의 날이다. 한국에서는 2003년부터 매년 세계병역거부자의 날을 맞아 병역거부 이슈를 알리는 캠페인을 펼쳐왔는데, 2018년까지는 주로 대체복무제 도입을 촉구하는 캠페인이었다. 사진은 2017년 세계병역거부자의 날에 자전거 행진을 마치고 국회 앞에서 기념하는 모습. ©전쟁없는세상

과거 두 번이나 「병역법」에 대한 합헌 결정을 내렸던 헌법재판소는 2018년 6월 28일, 대체복무를 규정하지 않은 「병역법」 5조에 대해 헌법불합치 결정을 내렸고, 이에 따라 2019년 말까지 국회가 대체복무제를 만들도록 했다. 사진은 헌법불합치 결정이 있던 날 헌법재판소 앞에서 위헌 판결을 촉구하며 기자회견을 하는 모습. ©전쟁없는세상

2018년 11월, 헌법재판소의 헌법불합치 결정 이후 대법원에서 처음으로 병역거부 자에 대한 무죄 판결이 내려졌다. 사진은 대법원 앞에서 무죄 판결을 환영하는 기 자회견 모습. ©전쟁없는세상

2020년 6월 대체역심사위원회가 발족하고, 10월 26일부터는 대체복무요원들이
교육센터에 입소하는 등 실제로 대체복무가 시작되었다. 현행 대체복무제는 아직
개선할 점이 많지만 제도적으로 개인의 양심의 자유를 보장한다는 면에서 중요한
의미를 갖는다. 2020년 대체역심사위원회를 방문한 병역거부자들이 심사위원장,
사무국장과의 면담을 마치고 찍은 사진. ⓒ전쟁없는세상

전쟁없는세상과 평화활동가들은 꾸준히 다양한 저항행동을 펼치고 있다. 2021년
에도 개최된 서울아덱스에서는 방산업체 현대로템에서 만들어 수출하는 K2 전차
에 올라갔다. 전차 위에서 무기 박람회 개최와 한국산 무기수출을 비판하는 현수막
을 들고 구호를 외쳤다. ⓒ전쟁없는세상

감옥에 가져갈 수 있는 책이 딱 한 작품이리면 무엇을 가져갈까? 프리모 레비, 김초엽, 정희진, 올리버 색스, 많은 작가의 훌륭한 책들이 떠오르지만 내 선택은 《슬램덩크》다. 내 또래 사람들은 대부분 《슬램덩크》를 사랑하는데, 아마도 이 만화가 성장 스토리이기 때문이라고 생각한다. 만화에 등장하는 모두가 성장해가지만 나는 그중에서도 세 인물의 성장이 가장 인상 깊다. 농구 초보이던 강백호는 실력이 일취월장하는 동안 자신이 정말 좋아하는 것이 무엇인지를 찾아가고, 감독인 안선생은 제자들의 성장을 함께하며 자신의 트라우마를 극복한다. 마지막으로 《슬램덩크》를 그린 만화가 이노우에 타케히코의 작화와 연출 실력이 회를 거듭할수록 눈에 띄게 성장한다.

《슬램덩크》에 비할 바는 아니겠지만, 나는 이 책이 나와 내 친구들의 성장 스토리로도 읽혔기를 바란다. 양심이 무엇이고 비폭력이 무엇인지 아무것도 모른 채 뛰어든 천방지축 활동가들이 오랜 세월을 함께하면서 이제는 제법 그럴듯한 말도 할 수 있게 되고, 중요한 활동가로도 인정받게 되었다. 물론 스스로를 들여다보면 여전히 부족하고, 부족함에 비해 과한 위치를 차지하고 있는 건 아닌가 싶어 무척 부끄럽지만, 부끄러운지도 몰랐던 천방지축 시절보다는 분명 성장했다고 느낀다. 나의 성장과 우리의 성장이 만나 그것이 병역거부운동의 성장을 이끌고 한국 사회의 변화까지 이르렀던 것은 노력과 행운이 동시에 작용한 결과라고 생각한다.

흔히들 "군대 갔다 오면 사람 된다"라는 말을 하는데, 병역거부자들은 농담 아닌 농담으로 이렇게 바꿔 말하곤 한다. "감옥 갔다 오면 사람 된다." 사람에 따라 군대든 감옥이든 그 안에서 성찰하고 성장하는 사람도 있고, 그냥 허송세월하는 사람도 있으니 두 말 다 맞기도 하고 틀리기도 할 것이다. 아무튼 사람은 어디서든 성장할 수 있지만, 시간이 지난다고 저절로 성장하지는 않는다. 사람을 성장하게 하는 건 시간이 아니라 질문이다. 감옥에 다녀온 병역거부자들이 꽤나 다른 사람이 되는 것도 감옥 안에서 스스로에게 수많은 질문을 던지며 생각했기 때문일 것이다. 그리고 그 질문은 때로 개인을 넘어 사회를 향하기도 한다. 나를 성장하게 만들고 한국 사회의 변화를 이끌어낸 병역거부의 질문들을 이 책에 담고 싶었다.

20여 년을 되짚으며 쓰다 보니 사실관계가 잘 기

억나지 않아 어려웠다. 과거의 기억을 떠올리기 위해 부모님과 동생에게 이것저것 물어보기도 했다. 내 기억에는 부모님이 단 한 번도 군대 가라는 말씀을 하신 적이 없는데, 다시 이야기해보니 두 분 모두 처음에는 군대에 가는 게 좋지 않겠느냐고 말씀하셨다는 사실도 알게 되었다. 동생에게도 내가 병역거부를 했을 때 어땠느냐고 물었는데, 뜻밖의 대답이 돌아왔다. 처음 알았을 때는 그냥 그러려니 했단다. 오히려 대학교에서 학생운동을 할 때가 더 무섭고 놀라웠다는데, 그 이유로 동생이 혼자 집에 있던 어느 늦은 밤 형사가 찾아와 나를 찾은 적이 있다는 이야기를 들려주었다. 옳은 일을 한다고만 생각했는데, 동생이 나로 인해 공포심을 느꼈다는 사실에 무척 미안했다.

과거의 일이 부정확한 기억 때문에 쓰기 어려웠다면, 최근의 일은 아직 내 고민이 덜 여문 듯해 어려웠다. 그럼에도 나의 흔들림이나 고민, 잘 모르는 현재의 상태 또한 그대로 담으려고 했다. 부족하고 부끄럽지만, 이렇게 고백하면 독자들과 동료들이 부족한 지점을 채워줄 거라고 생각했다.

천천히, 함께, 그리고 즐겁게 이 길을 걸어가는 전쟁없는세상 동료들과 평화활동가 동료들이 없었다면 나는 한 줄도 쓸 수 없었을 것이다. 특히 원고를 읽고 조언을 아끼지 않았던 친구 날맹과 하늬, 사실관계를 꼼꼼하게 살펴준 여옥과 오리에게 감사의 인사를 전하고 싶다. 글쓰기를 위한 공간과 집중할 수 있는 안락한 분위기를 내어준 살롱드씨에도 감사드린다. 출판노동자로 일할 때도 느꼈지만 책 한 권을 만드는 일은 고된 노동이다. 하늘 아래 혼자서 이룰 수 있는 일은 없다. 병역거부로 인한 감옥생활조차 누군가의 희생과 돌봄에 기대었으니, 책을 만드는 과정은 두말할 것도 없다. 책을 내자고 제안해준 오월의봄 박재영 대표님, 책을 예쁘게 꾸며준 디자이너 조하늘 선생님, 원고를 꼼꼼하게 살피고 편집해주신 편집자 한의영 선생님께 깊은 감사를 드린다.

나는 이 모든 협업의 과정이 즐겁다. 함께 책을 만들고, 함께 평화운동을 하고, 그러면서 서로가 서로에게 자극과 배움이 될 때 즐거움을 느낀다. 협업의 결과물이기도 한 이 책이 많은 이들에게 닿기를, 자극과 배움이 되기를 희망한다. 그렇게 만난 독자를 알아가는 나 또한 새로운 자극과 배움을 얻을 것이다.

병역거부의 질문들

초판 1쇄 펴낸날	2021년 11월 18일
지은이	이용석
펴낸이	박재영
편집	이정신·임세현·한의영
디자인	조하늘
제작	제이오
펴낸곳	도서출판 오월의봄
주소	경기도 파주시 회동길 363-15 201호
등록	제406-2010-000111호
전화	070-7704-5240
팩스	0505-300-0518
이메일	maybook05@naver.com
트위터	@oohbom
블로그	blog.naver.com/maybook05
페이스북	facebook.com/maybook05
인스타그램	instagram.com/maybooks_05
ISBN	979-11-90422-97-0 03300

만든 사람들

책임편집	한의영
디자인	조하늘